이나모리 가즈오의 회계 경영

60년간 단 한 번도 적자를 내지 않은 기업의 비밀

이나모리 가즈오의

회 계　경 영

이나모리 가즈오 | 김욱송 옮김

"왜 예산은 계획대로 지출하면서

매출은 늘어나지 않는가?"

경영은 복잡한 것처럼 보이지만

회계의 눈으로 바라보면 무척 단순하다.

'매출은 최대로, 경비는 최소로'

이러한 원칙만 철저히 지킨다면

이익은 자연히 늘어날 것이고

경영과 회사는 영속할 수 있다.

60년간 수많은 기업을 이끌며

내가 단 한 번도 적자를

기록한 적이 없는 비결은

'매출은 최대로, 경비는 최소로'라는

아주 단순한 원칙을 목숨처럼 지켰기 때문이다.

함부로 사람을 늘리지 마라.

원자재는 딱 필요한 만큼 사라.

현금을 바탕으로 경영하라.

그리하여 언제든 과감히 투자할 수 있게

여유 자금을 준비해 두라.

회사는 경영자 개인의 놀이터가 아니다.

직원의 삶을 보장하는 터전이고

인류와 사회의 진보와 발전에 공헌하는 곳이다.

그러므로 이익이 없다면

당신의 사업은 사업이 아니다.

이익이 없으면 그것은 회사가 아니다.

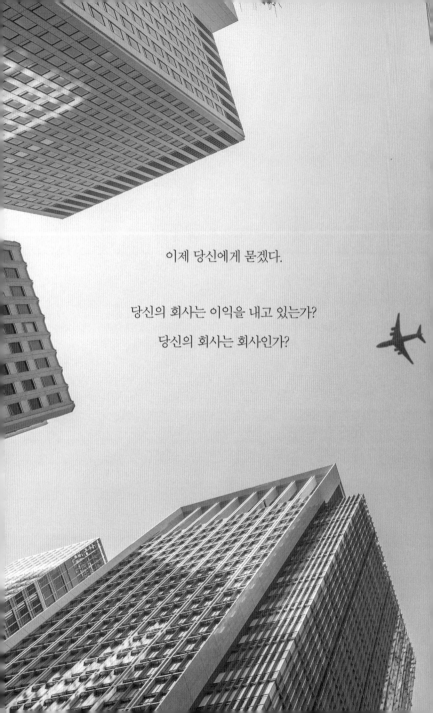

이제 당신에게 묻겠다.

당신의 회사는 이익을 내고 있는가?

당신의 회사는 회사인가?

프롤로그

회계를 모르고는
진정한 경영자가 될 수 없다

오늘날까지 수많은 경영자와 기업이 경기 과열 양상에 편승하여 과잉 투자를 계속해 왔다. 그러나 거품경제가 붕괴된 이후 디플레이션의 악순환이 시작되었고, 그 결과 금융, 건설, 부동산 등 모든 산업에 불량자산이 늘어나 경제가 도탄에 빠져 허우적거리고 있다.

　이러한 상황 속에서 그간 경영자들은 무엇을 하고 있었는가? 경영의 현실을 직시하여 근본적인 대책을 세우려는 사람은 소수에 불과하고, 대부분은 불량자산을 은폐하고 업적 악화만을 방지하기 위해 노력한 것은 아니었는가?

만약 중소기업에서 대기업에 이르기까지 경영에 종사하는 사람이 항상 공명정대하고 투명한 경영을 하고자 노력했더라면, 그리고 기업 경영의 원점인 '회계 원칙'을 제대로 이해하고 있었더라면 거품경제도, 그 이후의 불황도 이렇게까지 극단적이지 않았을 것이다. 이러한 상황이 나는 몹시 안타깝다.

1980년대 초까지만 해도 경제는 단순한 상승 일변도의 상황이었으므로 기업 경영은 과거의 예를 따라가는 것만으로도 문제가 없었다. 그러나 전 세계적으로 성장 신화는 이미 붕괴되어 버렸고, 게다가 유례없는 바이러스의 습격으로 기업 경영의 판도가 완전히 달라져버렸다. 이런 시대일수록 경영자는 자기 회사의 경영 실태를 정확하게 파악한 다음 적절한 판단을 내려야 한다. 그러기 위해서는 경영자가 먼저 '회계 원칙'과 '회계 처리'에 정통해야 한다.

그러나 대부분의 경영자나 경영 간부들은 회계학을 무시한다. 회계라고 하면 사업 과정에서 발생한 돈이나 제품과 관련된 전표 처리를 실행하고 집계하는 '뒤처리' 일이라고밖에 생각하지 않는다. 어떤 경영자는 세무사나 회계사에게 매일 전표를 건네주면 필요한 재무제표를 만들어주니까, 아예 회계가 경영의 영역이 아니라고 생각하기도 한다. 얼마나 이익을 남겼고, 그래서 세금을 얼마나 지불해야 하는가만 알면 되지 회계학적 사고방식은 전문가나 알고 있으면 된다고 여기는 것이다. 더욱이 회계의 숫자는 사정에 맞게 조작할 수 있다고 생각하는 경영자도 있다.

나는 스물일곱 살에 교세라를 창업하여 바닥에서부터 경영을 배워가는 과정에서, 회계가 '현대 경영의 뼈대'를 이룬다는 사실을 알게 되었다. 기업을 장기적으로 발전시켜 나가기 위해서는 기업 활동의 실태가 정확히 파악되어야 한다.

신중하게 경영을 하려면 경영에 관한 숫자는 어떠한 조작도 하지 않은, 즉 경영 실태의 진실을 표시하는 것이어야 한다. 손익계산서나 대차대조표의 모든 과목과 숫자 역시 누가 봐도 틀린 곳이 전혀 없이 회사의 실태를

100퍼센트 정확하게 나타낸 것이어야 한다. 이들 숫자는 비행기 조종석에 있는 계기판이나 마찬가지이다. 경영을 하면서 목표에 올바르게 도달하기 위한 유도등 역할을 하기 때문이다.

　최근 정계와 국가기관 그리고 경제계 등 각계에서 불상사와 부정부패 사건이 끊이질 않는다. 세간에 기업 윤리나 내부 규율에 대해 근본적인 의심을 하게 만드는 사건이 여럿 발각되어 커다란 충격을 주고 있다. 이러한 문제를 해결하기 위해 최근 기업지배구조Corporate Governance에 관한 논의가 활발하다. 그러나 나는 본질적인 문제는 단순히 시스템이나 제도에 있는 것이 아니라고 생각한다. 경영자가 회사를 경영하기 위한 필요 불가결한 좌표축과 회사 경영의 원리 원칙을 잃어버렸다는 점이 진짜 해결해야 할 문제가 아닐까 생각한다.

　나는 회사 경영은 경영자의 경영 철학에 의해 결정되어야 하고, 모든 경영 판단은 '인간으로서 무엇이 옳은가'라는 원리 원칙에 근거하여 실행되어야 한다고 확신한다. 이 취지를 강연 등에서 이야기하면 "그러면 실제 회사 경영은 구체적으로 어떻게 하면 되느냐?"라는 질문을 많이 받았다. 그래서 이 책에서는 구체적인 경영론인 회계학을 논함으로써 회사 경영의 원칙과 경영의 기본적인 사고방식을 설명하고자 했다.

'회사는 어떻게 이익을 내는가?'
'그리고 어떻게 하면 이익 상태를 유지할 수 있는가?'

나는 지금까지 경리부에 경영 자료 작성을 지시하고, 그 자료를 바탕으로 경영해 왔다. 그 결과 교세라와 다이니덴덴(현 KDDI)은 거듭되는 불황에도 흔들리지 않고 견실하게 발전을 거듭하고 있다. 이제 와서 돌이켜보면 교세라를 창업할 때 회계에 대해 전혀 몰랐기 때문에, 오히려 스스로 공부하여 '인간으로서 올바른 것을 추구하자'는 내 자신의 경영 철학을 바탕으로 회계 원칙을 확립시킬 수 있었던 것 같다.

이 책은 내가 생각하는 경영의 핵심과 원리 원칙을 회계학적 시점에서 표현한 것이다. 단언컨대 나는 회계학

전문가가 아니다. 다만 회사를 경영하면서 스스로 공부하여 만든 회계 경영 원칙이, 경기 침체로 고난을 겪으며 지금 이 순간 무엇을 해야 좋을지 방황하고 있는 경영자나 비즈니스맨들에게 조금이라도 참고가 되었으면 한다.

혼미한 시대에 피를 토하는 심정으로 "회계를 모르고 어떻게 경영을 한다는 말인가?"라고 외치는 나의 질타와 격려를 부디 이해해 주기를 바란다. 이 책이 경영을 위한 회계학을 진심으로 공부하려는 많은 분에게 읽히기를, 그리고 보다 훌륭한 경영에 조금이라도 도움이 되기를 간절히 바란다.

그리고 이 책은 교세라의 전 경리부장(감사 임원)인 사이토 아키오濟藤明夫 씨가 후배를 위해 정리해 놓은 것을 토대로 쓰였다. 사이토 아키오 씨에게 진심으로 감사드린다.

교토 후쿠미에서

이나모리 가즈오

稲盛和夫の実学

2장 회사는 어떻게 이익을 내는가

경영을 위한 회계의 7가지 실천 원칙

3장 이익을 내는 리더는 무엇을 생각하는가
젊은 경영자가 묻고 이나모리 가즈오가 답하다

1장

경영을 위한 회계란 무엇인가

회계의 본질과 존재 이유

숫자 너머에 있는
진실에 다가가라

교세라를 설립했을 때 나는 경영이라고는 전혀 경험해
본 적 없는 스물일곱 살의 기술자에 불과했다. 다만 전에
근무하던 회사에서 제품의 개발부터 영업, 사업화까지
모두 담당했기 때문에 새로운 제품을 개발하는 일과 생
산하는 일, 그리고 시장에 판매하는 일에 대해서는 나름
대로 자신이 있었다.

그러나 '회계'에 대해서는 전혀 몰랐다. 처음 대차대조
표를 보니 오른쪽에는 '자본금'이라는 금액이, 왼쪽에는
'현금'과 '저금'이라는 금액이 적혀 있었다. 그것을 보고

'돈이 두 개로 나뉘어 있구나…'라고 생각했을 정도였다. 그만큼 창업 당시의 나는 경영은 물론이고 회계에 대해서도 알지 못했다.

그런 내가 할 수 있는 일이라고는 온몸을 내던져 오로지 일에만 매달리는 것뿐이었다. 그러나 직원들은 모든 일을 경영자인 내가 판단해 주기를 바랐다. 당시 교세라는 막 탄생한 영세기업이었기 때문에 만약 한 번이라도 잘못된 판단을 내리면 회사가 금방 무너져버릴 수도 있었다.

'나는 무엇을 기준으로 판단해야 하는가?'
'어떤 자세로 경영에 임해야 하는가?'

늦은 밤이 되어도 잠을 청하지 못할 정도로 고민했다. 혹시라도 경영을 하면서 도리에 맞지 않거나 도덕에 어긋난 일을 행하면 결코 올바른 경영이 될 수 없을 터였다. 그래서 나는 모든 일을 원리 원칙내로 판단하기로 했다. 직면한 모든 문제를 '그래, 이렇게 해야 해' 하고 마음속에서부터 납득할 수 있는 방법으로 헤쳐 나가자고 결심했다. 즉, '세상 사람들이 말하는 인간으로서 올바른 것'을 바탕으로 판단하고 경영하자고 마음먹은 것이다.

돌이켜보면 경영에 대한 상식이 전혀 없었던 것이 오히려 다행이었다. 경영에 대한 모든 것을 하나부터 열까지 모두 이해하고 수긍한 다음 직접 판단하려 했으므로 '경영이란 어떻게 해야 하는지', 즉 경영의 본질을 항상 생각하게 되었기 때문이다.

'회계'도 마찬가지였다. 항상 그 본질을 생각했기 때문에 내가 예상한 것과 실제 결산 숫자가 다를 때마다 경리 담당자를 불러 자세한 설명을 요청했다. 내가 알고 싶은 것은 회계학이나 세무학 교과서에 나오는 답변이 아니라 회계의 본질과 그 움직임의 원리였는데, 종종 내가 원하는 답을 얻지 못할 때가 있었다. 그래서 나는 "회계학적 사고에 따르면 이렇게 된다"라는 말을 들어도 "그건 왜 그러한가?"라며 나 스스로 납득할 수 있을 때까지 질문을 반복했다.

경영자의 질문에 대답하지 못하는
회계는 의미가 없다

내가 경영을 위한 회계학을 알게 되는 데 중요한 역할을 한 사람은 교세라 창업 8년 차에 입사한 사이토 아키오 경리부장이다. 입사 당시 그의 나이는 50세로, 제2차 세계대전 전에 설립된 역사와 전통이 있는 기업에서 풍부한 경험을 쌓은 경리 전문가였다. 그에 비해 나는 이제 겨우 서른 중반의 기술자 출신 경영자였다.

당시 교세라는 영세한 기업이었다. 그가 입사하기 바로 전인 1966년 4월 1일부터 1967년 3월 31일까지의 1년 간 매출액은 약 6억 4300만 엔이었고, 세후 이익은 1억 200만 엔이었다.

사이토 경리부장은 입사 초기부터 나와 의견이 자주 부딪쳤고, 그 때문에 우리 사이에는 항상 격렬한 논쟁이 벌어졌다. 그는 나를 경리 비전문가라고만 생각했다. 그래서 내가 사장일지라도 자신의 의견을 쉽게 굽히지 않았다. 그러나 나 또한 그의 고집에 굴하지 않고 아무리 사소한 일이라도 의문이 생기면 서슴없이 "왜?"라고 질문했다.

"왜 이런 전표를 사용하나요?"
"경영의 입장은 이러한데 왜 회계는 그렇게 되지 않나
요?"

하나부터 열까지 '왜'를 반복했다. 상대가 "아무튼 회
계라는 것은 이렇습니다!"라고 목소리를 높여도 "그것은
내가 원하는 답이 아닙니다. 경영자가 알고 싶은 것에 대
해 명확히 대답하지 못하는 회계는 의미가 없습니다"라
고 말하며 내가 이해할 수 있을 때까지 끈질기게 물고 늘
어졌다.

처음에 그는 나의 이러한 질문 공세에 많이 놀랐던 것
같다. 경리 전문가로 자부심이 가득했던 그에게는 생각
할 수 없을 정도로 기발하고 이상한 질문이었을지도 모
른다. 마음속으로는 틀림없이 비전문가의 생트집이라고
생각했을 것이다. 그러나 몇 년이 지나자 그의 태도는 갑
자기 바뀌었다. 어느 날부터 내 의견에 진지하게 귀를 기

울이기 시작했다. "경영은 어떻게 해야 하는가?"라는 입장에서 회계에 대해 발언하는 나의 질문을 진지하게 받아들여, 지금까지와는 전혀 다른 시각을 갖게 되었다는 것이다. 나중에 들어보니 '사장님이 하는 말이 회계의 본질이 아닐까?'라고 깨달았다고 한다.

그는 자발적으로 스터디그룹을 만들어 시간이 날 때마다 자신이 알게 된 것을 다른 경리부 직원들에게 가르쳐주기 시작했다. 얼마 후 그는 '교세라 경리 규정'을 만들었는데, 이는 현재까지도 교세라의 경리부에 이어져 오고 있다. 이 규정의 첫머리에는 그와 내가 대화를 통해 확립한 '경영을 위한 회계의 본질'을 언급하고 있다. 현재는 이를 '교세라의 철학에서 탄생한 회계 사상'이라는 이름으로 부르고 있다.

나중에 그는 일본에서의 주식 상장과 미국에서의 기업 공개에 해당하는 ADR의 발행 등 교세라가 급격하게 성장하는 과정을 모두 경험했다. 이런 상황을 거치며 그는 나의 좋은 파트너가 되었고, 교세라의 회계 시스템을 보다 정밀하게 발전시켜 나갔다.

그 결과 교세라는 1997년 4월 1일부터 1998년 3월 31일까지 연결재무제표 기준 매출액이 7000억 엔을 넘는 기업으로 성장하였고, 매출 1조 엔 기업을 목표로 사업 개발에 더욱 박차를 가했다. 그리고 1985년에 설립한 통신회사 다이니덴덴은 이미 연결재무제표 기준 매출에서 1조 엔을 넘어서는 기업으로 성장했다.

　나는 이 과정에서 회계와 세무에 관련된 다양한 문제에 부딪혔고, 그럴 때마다 나만의 경영 철학을 바탕으로 정면 돌파해 왔다. 구체적인 사례마다 납득할 수 있을 때까지 파고들어 회계와 재무의 존재 방식, 회계 관리 본연의 자세 등에 대해 나름대로 납득할 수 있는 사고방식을 갖추기에 이르렀다. 이렇게 해서 형성된 '경영을 위한 회계 원칙'은 교세라의 독자적인 경영관리 시스템인 '아메바 경영'과 함께 사내에 자리 잡아 교세라가 급성장할 수 있는 원동력이 되었다.

원리 원칙에 따라
무엇이 옳은지 판단하라

사물을 판단할 때는 항상 본질을 추구해야 한다. 그리고 인간의 기본적인 도덕과 양심을 바탕으로 무엇이 옳은가를 기준으로 삼아야 한다. 스물일곱 살의 나이에 처음으로 회사 경영에 직면한 이래 지금까지도 나는 이와 같은 사고방식으로 회사를 경영하고 있다.

여기에서 내가 말하는 '인간으로서 옳은 것'에 대한 예를 들자면 어렸을 때 시골에 계신 부모님으로부터 들은 "이것은 하지 마", "이것은 해도 좋아"라는 기본적인 교육과, 초등학교와 중학교 선생님께서 가르쳐주신 '좋은 일'과 '나쁜 일'처럼 극히 소박한 윤리관에 바탕을 둔 것이다. 한마디로 공평, 공정, 정의, 용기, 박애, 겸허, 성실 등이다.

이처럼 나는 소위 경영에서 말하는 전략이나 전술을 생각하기 전에 '인간으로서 무엇이 옳은가'를 경영 판단의 근거로 삼아 왔다.

무슨 일이든 사물의 본질을 파헤치지 않고 상식대로만 행동한다면 자신의 책임으로 생각하고 판단할 필요가 사라진다. 일단 다른 사람과 같은 것을 하면 별탈이 없다. 그다지 큰 문제가 아니라면 새삼스럽게 깊이 고민할 필요도 없다. 만일 경영자가 조금이라도 이런 생각을 가지고 있다면, 내가 말하는 원리 원칙에 의한 경영을 실천할 수 없다.

반면 아무리 작은 일이라도 원리 원칙에 입각한 경영을 한다면 도리에 맞는 경영을 해나갈 수 있다. 물론 원리 원칙에 따라 철저하게 생각하는 데에는 엄청난 노고와 고통이 따른다. 그럼에도 누가 봐도 보편적이고 옳은 것을 기준으로 판단을 이어간다면, 매 순간 적절한 결정을 내릴 수 있다.

경영의 중요한 분야인 회계에서도 마찬가지다. 회계에서 '상식'이라고 불리는 사고방식이나 관행을 그대로 적용할 것이 아니라, 먼저 무엇이 본질인가를 스스로에게 물어본 다음 회계의 원리 원칙에 따라 판단해야 한다. 그 때문에 나는 일반적으로 알려져 있는 '적정한 회계 기준'을 함부로 믿지 않고, 오직 경영의 입장에서 '왜 그렇게 하는가?', '무엇이 본질인가?'를 각별히 의식했다.

원리 원칙에 의한
감가상각

원리 원칙에 따른 판단이 어떤 것인지를 생각해 보기 위해 고정자산의 감가상각에 이용되는 내용연수(유형 고정자산의 효용이 지속되는 기간으로 감가상각의 기준이 된다)를 예로 들어 설명해 보겠다.

경리 담당자에게 "기계를 살 때 왜 감가상각이 필요한

가?"라고 질문하면 다음과 같은 대답이 나온다.

"기계는 원자재처럼 사용 후 제품으로 모습이 바뀌어 없어지지 않고, 사용해도 그 형태가 남아 있다. 그러므로 몇 년 동안이나 사용할 수 있는 기계를 샀는데 전부 일시적으로 비용처리를 한다는 것은 이상하다. 그렇다고 해서 실컷 사용한 다음 버릴 때 비용처리를 하는 것도 이치에 맞지 않는다. 그 기계가 고장 없이 잘 움직이고 제품을 만들 수 있는 연수를 정한 다음 그 기간에 걸쳐 비용으로 계상하는 것이 맞다."

일견 납득이 가는 말이다. 회계 상식에 의하면 이 기간은 재무성이 결정한 상각연수인 이른바 '법정내용연수'를 따르기 때문이다.

그 일람표에 따르면 세라믹의 분말을 성형하는 설비는 '도자기, 점토 제품, 내화물 등의 제조 설비' 항목에 해당하며 내용연수는 12년이다. 이 규정을 따른다면 강도가 매우 높은 세라믹 분말을 성형하는, 즉 마모가 심한 기계 설비라도 '12년'으로 상각해야 한다. 한편 과자 제조용

설탕이나 소맥분을 반죽하여 마모가 별로 심하지 않은 기계는 '빵 또는 과자류 제조 설비'의 항목에 해당하는데 내용연수는 '9년'으로, 세라믹용 기계보다 오히려 짧다.

이는 아무리 생각해도 이해하기 어렵다. 각각의 기계가 정상적으로 기능하는 기간에서 비용으로 계상하는 것이 당연한 것인데도 불구하고, 실제로는 법정내용연수에 억지로 끼워 맞춘다. 이런 경우를 어찌 경영자로서 무심히 넘길 수 있겠는가? 법정내용연수라는 것은 '공정한 과세'를 중시하는 세법에 준거하여 정해진 것으로, 각 기업의 상황이 다르다는 것을 인정하지 않고 '일률적인 공평'으로 상각하는 것이다. 내가 경험한 바에 의하면 세라믹 분말을 24시간 동안 반죽하면 기계의 보수·정비를 아무리 확실히 하고 주의 깊게 사용한다고 해도, 수명은 길어야 5~6년 정도이다. 원리 원칙에 따라 생각해 볼 때 실제로 기계를 정상 가동시켰을 때의 연수로 상각하는 것이 마땅하지 않은가?

그러나 이러한 나의 생각에 경리·세무 전문가들은 반

론을 제기한다.

"결산 처리는 6년으로 상각했다고 해도 세법은 12년으로 상각해야 한다. 만약 그렇게 하면 처음 6년은 상각이 증대하여 이익이 감소한다. 그러나 세금 계산으로는 법정내용연수의 12년으로 상각되기 때문에 감소한 이익만큼 세금이 줄어들지 않게 된다. 이른바 세금을 내고 상각하는 '유세有税상각'이 되는 것이다. 그리고 세무상의 내용연수가 법령으로 정해져 있어서 모두가 이를 따르고 있는데, 우리만 예외적인 행동을 하는 것은 현명하지 못하다. 실무적으로도 상각계산이 이중으로 되어 있어 번잡하기만 할 뿐이다."

이런 말을 들으면 경영자들은 전문가의 의견에 움츠러들어 "아, 그렇군요" 하고 대답해 버리곤 한다.

그러나 나는 실무상의 상식이 그렇다고 해도, 경영이나 회계의 원리 원칙에 따르려면 세금을 계속 내더라도 상각은 짧은 기간에 해야 한다고 생각한다. 6년에 수명이 다하는 기계를 12년으로 상각한다면, 이미 사용할 수 없는 기계를 계속 상각하는 셈이 된다. 즉, 실제로 사용한 6년은 상각이 과소 계상되어 있어 그 몫이 남은 6년으로 미뤄지게 될 뿐이다.

'발생한 경비를 계상하지 않고 당장의 이익을 늘린다'는 것은 경영의 이치나 회계의 이치에 반한다. 그런 일을 해마다 태연하게 하는 회사에 성공적인 미래가 있을 리 없다. 법정내용연수를 사용하는 관행에 빠져 '상각이란 과연 무엇이고, 그것을 경영적으로 어떻게 판단해야 하는가?'라는 본질적인 문제를 잊어버리고 있는 것이다.

그래서 교세라는 법정내용연수를 따르지 않고 설비의 물리적·경제적 수명을 살핀 후 '독자적인 내용연수'를 정하여 상각하고 있다. 구체적으로 보면 제조 설비의 내용연수는 4년에서 6년으로 설정하는 등 대체로 세법에서 정한 연수의 절반을 기준으로 하고 있지만, 특히 변화가 심한 통신기기 관련 설비는 세법상 10년인 내용연수보다 더 크게 단축했다. 이처럼 회계적으로는 이른바 '유세상각'을 실시하고, 세무적으로는 세법에 정해진 내용연수에 의한 상각 계산을 별도로 실행하고 있다.

상식에 지배되지 않는
판단

내가 젊었을 때 실제로 겪은 일을 바탕으로 '상식'이라는 것이 사람의 마음을 얼마나 강하게 지배하는가를 이야기해 보고자 한다.

한때 소위 말하는 꺾기, 즉 '양건예금'은 일본 사회에서 일반적인 관행으로 여겨졌다. 1959년 교세라 창업 당시에도 은행에서 어음을 할인해 줄 때마다 일정 비율의 '꺾기' 예금을 들게 해, 그 은행에 적금을 넣는 일이 당연시되어 있었다. 은행에서 할인하는 수취어음이 부도가 나면 은행이 아니라 당사가 그 부도어음을 책임져야 한다. 그러나 은행은 당사가 약정대로 부도어음을 책임지지 않을까 걱정이 되어 그 담보로 '꺾기' 예금을 들게 하는 것이었다. 이를 '은행의 리스크 회피'라고도 볼 수 있겠지만, 그러한 꺾기 예금은 어음의 할인 잔고를 초과해도 계속 적립해야 했다.

어느 날 거래하던 은행이 교세라에 꺾기율 인상을 요구해 왔다. 이에 많은 직원이 조금이라도 꺾기율을 낮출 방법을 고민했다. 그러나 나는 오히려 '꺾기를 대체 왜 해야 하는지' 이해가 가질 않았다. 그래서 회의 자리에서 그런 이야기하자 경리 담당자를 비롯한 모든 직원이 '꺾기를 하는 것이 상식이고, 그것을 이상하다고 하는 것이 비상식'이라며 코웃음을 치며 상대도 해주지 않았다.

그 후 얼마 지나지 않아 이와 같은 꺾기 관행이 은행의 실질 수입을 올리기 위한 방편에 지나지 않는다는 여론이 수렴되어 법적으로 금지되었다. 이것을 본 나는 '아무리 상식이라고 해도 도리에 어긋나는 일은 결국 잘못되었음을 세상이 인정하게 된다'는 자신감을 얻었다.

매출에 대한 판매비용과 일반관리비용의 비율에도 상식이라 일컬어지는 미신이 있다. 예를 들어 어떤 업계에서 판매비용과 관리비용이 매출의 15퍼센트는 든다는 것이 상식으로 통용되고 있다고 치자. 이는 동종 업계 회사마다 판매 조직과 판매 방법이 모두 비슷하기 때문이다.

이때 만일 새로 시장에 진입한 기업이 그러한 상식을 곧이곧대로 받아들여 매출에 대한 판매비용과 일반비용을 15퍼센트로 잡게 되면, 의도하지는 않았지만 자연히 같은 업계의 다른 회사와 비슷한 경영 방식을 취하게 될 것이다. 이렇게 되면 '자사의 제품을 보다 효율적으로 판매하기 위해서는 어떤 판매 조직과 방법이 필요할까?'라는 중요한 경영 과제를 근본적으로 생각해 볼 기회를 얻지 못하고, 결국에는 다른 회사를 모방하게 될 것이다.

그뿐만이 아니다. 예를 들어 '이 업종에서 이 정도 규모의 기업이라면 매출 이익률은 세금을 제외하고 5~6퍼센트다'라는 상식에 집착해 버린다면, 아무리 노력을 해도 이익은 그 수준을 벗어나지 못할 것이다. 해마다 물가가 상승한다고 해도 이상하게 같은 수준의 이익을 낼 뿐, 그 이상의 이익은 내지 못할 게 분명하다. 이들 예는 소위 '상식'이라는 것에 이상할 정도로 간단하게 집착해 버리는 인간의 속성을 잘 나타내고 있다.

동종 업계에 있는 대부분의 기업이 비슷한 이익률을 올리는 이유가 바로 여기에 있다. 경영자가 그러한 상식을 깨고 나와야만 독자적인 경영으로 눈에 띄게 발전하는 기업이 될 수 있다.

물론 나는 '상식'이라는 것을 처음부터 아예 부정해야 한다고 말하는 것이 아니다. 한정적으로밖에 맞지 않는 상식을 언제나 성립한다고 착각하여 그대로 받아들이는 태도가 문제다. 끊임없이 변화하는 경영 환경에서는 상식에 집착하는 대신, 먼저 본질을 확인한 다음 올바른 판단을 쌓아가는 자세가 필요하다.

지금까지 말한 것이 내 사상의 원점이 되는 기본적인 사고방식이다. 즉, 이는 모든 경영적 사고방식의 근본이며 회계 분야에도 관철시켜야 하는 사상이다.

매출은 최대로,
경비는 최소로

회계라는 것은 어디까지나 경영의 한 분야에 지나지 않는다. 하지만 바꾸어 생각해 보면 경영의 중요한 원칙은 회계와 깊이 관련되어 있다.

교세라를 창업하고 얼마 지나지 않아 회계에 대해 아무것도 몰랐을 때의 일이다. 나는 경리 담당자에게 "이번 달 결산은 어떤가?"라고 물었다. 내 질문에 경리 담당자는 열심히 설명해 주었으나, 어려운 회계 용어를 잘 몰랐던 탓에 나는 이해하기 어렵다고 대답했다. 담당자는 간단히 말해 '이익이라는 것에는 여러 가지 종류가 있어서 각각 증가하거나 감소하는 것'이라고 했다.

그 후로도 가까이하기 어려운 얼굴을 하고 있는 담당자를 매일 찾아가 질문을 던진 끝에 "알았다! 알기 쉽게 말하면 매출에서 비용을 뺀 나머지가 이익이니까, 매출은 최대로 올리고 경비는 최소로 줄이면 되는 거지? 그러면 당신이 말한 여러 종류의 이익도 모두 문제없이 늘어날 테니까!"라고 말했다. 그러자 경리 담당자는 곤란한 표정을 지으며 "물론 그건 그렇지만… 그렇게 딱 잘라 말할 수는 없습니다"라고 대답했다. 하지만 나는 그날의 대화로 '매출은 최대로, 경비는 최소로' 운영하는 것이 경영의 원점이라는 사실을 깨달았다.

모든 경영자는 이익을 추구하지만, 대부분은 매출을 증가시키려면 당연히 경비도 증가해야 한다고 생각한다. 이것이 이른바 '경영의 상식'이다. 하지만 '매출은 최대로, 경비는 최소로'라는 것을 경영의 원점으로 삼으면 상식이 달라진다. 매출을 늘려가면서 경비도 늘리는 것이 아니라, 매출을 늘려가면서 반대로 경비를 줄이거나 혹은 그대로 유지하는 방법을 생각하게 된다.

물론 매출을 늘리면서 경비를 줄이는 것은 그리 간단하게 이룰 수 있는 일이 아니다. 그러기 위해서는 지혜와 창의, 그리고 노력이 필요하다. 이익이라는 것은 그 결과물로 발생하기 때문이다.

가격 결정이
경영을 좌우한다

사업을 하면서 매출을 최대한으로 늘리기 위해서는 가격을 어떻게 정하느냐가 핵심이다. 제품의 가격 결정은 영업 담당 이사나 부장에게 맡기면 된다고 생각하는 경영자가 있을지 모르겠지만, 나는 "가격 결정이 경영의 생사를 좌우한다"라는 말로 그 중요성을 강조해 왔다. 가격 결정은 단지 제품을 잘 팔기 위한, 혹은 주문을 원활히 받기 위한 영업만의 문제가 아니라 경영의 사명을 결정하는 중차대한 문제다. 가격은 판매자와 구매자 모두에게 만족을 주어야 하기 때문에, 최종적으로 경영자가 결정을 내려야 하는 매우 중요한 업무다.

교세라는 창업 초창기부터 전자기기 제조사에 전자 부품을 납품했는데, 전자 부품 업계는 신규 기업이 많아 경쟁이 심했다. 그 때문에 당시 무명에 가까웠던 교세라는 언제나 매우 심한 가격 인하 압박을 받았다. 경쟁하는 제품이 출시되면 우리 제품과 그 제품을 저울에 올려놓고 철저하게 가격을 깎아 내렸다. 그렇게 깎아 내린 가격을 해마다 깎고 또 깎았다. 그렇게 가격을 깎아도 영업 부서는 주문을 받아내야 했기에 상대의 요구를 거절하지 못했다. 영업 담당자는 늘 숨이 턱에 차도록 회사로 달려와 "사장님, 큰일 났습니다. 다른 회사가 10퍼센트나 가격을 내려 견적서를 냈다고 합니다!"라며 내게 하소연을 했다.

이런 일이 계속되니 출혈이 너무 컸다. 이 때문에 나는 '장사를 할 때 가격을 싸게 매기면 누구라도 팔 수 있다. 그것은 경영이 아니다. 고객이 납득하고 기쁜 마음으로 구매해 주는 가격 중에 최고의 가격, 즉 그보다 싸면 얼마든지 주문을 받을 수 있지만 그보다 비싸면 주문을 받지 못하는 아슬아슬한 가격을 제시해야 한다'는 것을 영업 부서에 계속 강조해 왔다. "고객이 기쁜 마음으로 구매해 주는 최고의 가격을 찾아내 그 가격으로 판매한다." 그러한 가격을 결정하는 것은 경영과 직결되는 매우 중요한 업무이고, 오롯이 경영자의 몫이다. 매출을 최대로 올리기 위해서는 단가와 판매량의 곱을 최대로 하면 된다.

'이익 폭을 크게 하고 적게 파는 장사를 할 것인가?'
'이익 폭을 적게 하고 대량으로 파는 장사를 할 것인가?'
결국 가격 결정으로 경영의 원칙이 좌우되는 것이다.

가격 결정에 실패하면 나중에 돌이킬 수 없는 사태를 맞이하게 될 수 있다. 애초부터 가격을 너무 낮게 책정하면 아무리 경비를 줄여도 채산이 맞지 않는다. 반면 가격을 너무 높게 책정해서 창고 가득 재고가 쌓이면 자금 회전에 어려움을 겪을 수도 있다.

이 때문에 가격 결정은 반드시 경영자가 직접 해야 한다. 각 제품의 판매 가격 설정을 경영의 중대한 문제로 여기는 사고방식은 현재까지도 교세라 전체에 깊숙이 스며들어 있으며, 재고 평가의 사고방식과 채산 관리 시스템의 존재 등 교세라의 회계 원칙에 큰 영향을 끼치고 있다.

심야 포장마차 장사로
회계를 배우다

간부와 직원들이 지혜를 모아 판매 가격 결정 방식을 의논하고 경비를 최소한으로 줄이는 것을 독려하기 위해 나는 가끔 "심야에 우동 포장마차를 직접 운영해 보라"라고 지시한다. 조금은 극단적인 이야기인지라 실현된 적은 없지만, 포장마차를 끌고 다니며 우동을 팔게 하는 방법이 회계를 이해하는 데 효과적인 실습이 될 것이라고 생각했기 때문이다.

방법은 간단하다. 간부들에게 5만 엔의 초기 자본금을 주고 "포장마차 세트를 빌려줄 테니 한 달 동안 매일 밤 교토 어디에서든 우동을 팔아보라. 초기 자본금으로 얼마나 많은 돈을 만들어 오는지가 실적이다"라는 말로 훈련을 보낸다.

현장에 나간 이 사람이 맨 처음 해야 할 일은 우동 재료를 구매하는 것이다. 우동면을 살 때 직접 만드는 공장에 가서 사는 방법도 있고, 가까운 슈퍼마켓에서 생면을 사는 방법도 있다. 혹은 딱딱하게 말린 면을 산 뒤 삶아서 파는 방법도 있을 것이다.

그다음은 국물이다. 맛있는 우동을 만들기 위해서는 국물이 가장 중요하다. 비싼 가다랑어포를 사는 사람도 있을 것이고, 가다랑어포를 만드는 곳에서 찌꺼기를 얻어 오는 사람도 있을 것이다. 같은 재료를 사용하더라도 어떻게 만드느냐에 따라 맛은 천차만별이다. 원가를 적게 들이면서도 맛있게 만드는 데에는 창의적인 노력이 필요하다.

어묵, 튀김, 파 등의 재료도 슈퍼마켓에서 사 오는 사람이 있을 것이고, 공장이나 농가에서 직접 떼 오는 사람도 있을 것이다. 이처럼 재료를 구매하는 방법도 각양각색이다.

마지막으로 가장 중요한 것은 판매 가격이다. 원가가 100엔이라면 한 그릇을 300엔에 팔지 500엔에 팔지 결정해야 한다. 가격이 싸면 팔기에 좋겠지만 이익을 남기기가 쉽지 않다. 고객을 만족시키면서 동시에 잘 팔리는 가격을 정해야 한다.

이와 같이 포장마차 하나를 운영해도 다양한 선택지가 있다. 하룻밤 매출 차이는 얼마 안 되겠지만 연 매출로 계산해 보면 그 차이는 엄청날 것이다. 그래서 포장마차로 시작해 나중에는 대형 프랜차이즈 기업으로 성장시킨 사람도 있고, 10년 이상 포장마차를 해도 아무런 재산도 모으지 못한 사람도 있다. 좋은 장사, 나쁜 장사가 따로 있는 게 아니다. 그것을 성공으로 이끄는지 아닌지의 차이만 있을 뿐이다. 매출을 최대로 올릴 수 있는 가격을 결정했다면, 이제 남은 것은 '경비를 최소로'라는 원칙을 철저하게 실행하면 된다.

기업의 회계도 이와 다르지 않다. 경영자는 '매출은 최대로, 경비는 최소로'라는 경영의 원점을 효율성 있게 추구할 수 있도록 시스템을 만들어야 하고, 거기에 각 부서의 성과를 명료하게 표현해야 한다. 바로 이것이 교세라의 회계 시스템을 만들어낸 사고방식이다. 그리고 이 사고방식은 교세라의 관리회계 시스템인 '채산제도'에 단적으로 표현되어 있다.

최고의 경영자는
최고의 회계 관리자다

우리를 둘러싼 이 세계는 원리 원칙에 기반을 둔 단순한 질서로 돌아간다. 다만 우리의 눈에 복잡하게 보이는 것뿐이다. 이 복잡해 보이는 현상을 단순하게 파악하려면 먼저 관점부터 바꿔야 한다.

기업 경영도 마찬가지다. 기업 경영은 상당히 복잡하게 보이지만 회계의 원칙으로 보면 다르다. 회계에서는 경영 상태를 숫자로 단순하게 표현해 경영 본연의 모습을 간단하고 명료하게 나타내기 때문이다.

경영을 비행기 조종에 비유한다면 회계 데이터는 조종

석 계기판에 나타나는 숫자에 해당한다. 계기판은 경영자인 기장에게 시시각각 변화하는 기체의 고도와 속도, 자세, 방향을 즉시 정확하게 보여주어야 한다. 그와 같은 계기판이 없다면 지금 비행기가 어느 곳을 비행하고 있는지, 어떤 상태로 비행하고 있는지 모르기 때문에 제대로 된 조종을 할 수 없다.

그러므로 회계는 경영의 결과를 나중에 뒤쫓기 위한 것이 되어서는 안 된다. 아무리 정확하게 결산 처리를 했다고 해도 그것이 너무 늦어지면 아무것도 해결할 수 없다. 회계 데이터는 현재의 경영 상태를 간단하게, 그리고 실시간으로 경영자에게 전해야 한다. 그렇지 않으면 아무런 의미가 없다.

수많은 중소기업이 하루아침에 파산하는 것도 이 때문이다. 회사의 실태를 곧바로, 명확하게 전하는 회계 시스템이 정비되어 있지 않은 탓에 주먹구구식으로 운영하기 일쑤다. 계기판에 나타난 숫자가 불명확하기 때문에 그런 기업의 경영자들은 자주 잘못된 판단을 내리고, 최종적으로는 자금 회전에 어려움을 겪으며 도산의 길로 들어선다.

회계 원칙에
경영자의 의지가 담겨 있는가?

중소기업이 건전하게 성장해 나가기 위해서는 경영 상태를 일목요연하게 나타내는 회계 시스템이 있어야 한다. 특히 회계 시스템에는 경영자의 의지가 철저하게 담겨야 한다. 교세라가 급속한 성장을 이룰 수 있었던 것은 회계 시스템을 빠르게 정립해 그에 따라 경영을 했기 때문이다.

그러기 위해서는 먼저 경영자 자신이 '회계'라는 것을 잘 이해해야 한다. 계기판에 표시된 숫자가 무엇을 의미하는지를 손바닥 들여다보듯 이해하지 못한다면 진정한 경영자라고 말할 수 없다. 경리 담당자가 준비한 결산보고서를 보며 주춤거리지 말고, 수익의 신음 소리나 홀쭉해진 자기자본이 울고 있는 소리를 들을 줄 아는 경영자가 되어야 한다.

교세라는 회사 규모가 작았을 때부터 월차결산 자료가 부문별로 나올 수 있도록 했다. 나는 회사에 있을 때는 물론 출장으로 회사를 비울 때에도 부문별로 자세히 기록되어 있는 자료를 항상 볼 수 있도록 곁에 두었다. 부문별 매출과 경비 내용을 보고 있으면 그 부문의 실태가 마치 소설처럼 한눈에 보였다. 그 부문 책임자의 얼굴을 떠올리면서 "쓸데없는 경비를 너무 많이 사용하고 있군" 혹은 "재료비가 매출에서 차지하는 비율이 너무 커"라는 식으로 경영상의 문제를 짚어냈다.

이와 같이 주의 깊게 월차결산 자료를 들여다보면 현장을 방문했을 때 '여기는 지난달에 이랬지?' 하는 생각이 떠오르면서, 문제점을 곧바로 지적할 수 있다. 나의 의견에 따라 현장의 책임자가 문제를 파악하고 대책을 세우면 마치 마법처럼 다음 달 월차결산서가 개선되어 돌아온다. 이렇게 하면 회사 전체의 실적도 좋아질 수 있다.

경리 담당자가 일반적인 형태로 만드는 월차결산 자료는 경영자에게 도움이 되지 않을 가능성이 높다. 경영자가 정말로 회사의 실태를 속속들이 파악하고, 면밀하게 경영하려고 한다면 회계 자료를 경영에 도움이 되는 형식으로 바꿔 써야 한다.

그런 회계 자료 정리가 가능하도록 만들기 위해서는 우선 경영자 스스로 회계를 충분히 이해해야 하고, 결산 자료에 경영의 상황과 문제점이 뚜렷하게 나타나도록 해야 한다. 경영자가 회계를 충분히 이해하고, 평소에 경리 업무를 지도할 정도로 노력해야 비로소 경영자는 진정한 경영의 세계에 발을 들일 수 있다.

●

회계의 원칙으로 볼 때 경영은 아주 단순하다.

어떻게 매출을 최대로 끌어올리고

생산과 판매에 드는 비용을 최소로 줄이는가이다.

이익은 그 둘의 차이에서 나오는 결과물일 뿐이다.

그래서 경영자는

매출을 극대화하고 경비를 최소화하기 위해

끈질기게 궁리해야 한다.

●

2장

회사는 어떻게 이익을 내는가

경영을 위한 회계의 7가지 실천 원칙

현금을 바탕으로
경영하라

'현금을 바탕으로 경영한다'는 것은 '돈의 움직임'을 기준으로 단순하게 경영한다는 것을 의미한다. 즉, 경영을 위한 회계의 기초에는 현금이 있다. 이것이 내가 말하고자 하는 회계 원칙의 가장 기본이다.

전문적인 회계학 이론을 배우지 않았더라도 우리는 누구나 자연스럽게 수지 계산 감각을 갖추고 있다.

'제품을 만들어 고객에게 판매한 후 대금을 받는다. 판매하는 과정에서 사용한 각종 비용을 대금에서 지불

한다. 이익이란 이 지불이 모두 끝난 후 남은 돈을 가리킨다.'

중세 이탈리아 상인의 지중해 무역에서는 한 번의 항해가 끝나면 수입에서 모든 비용을 청산한 뒤 그 자리에서 남은 이익을 분배했는데, 이것이 지금의 회계가 탄생하게 된 배경이다. 결국 현금 수지 계산이 그대로 손익 계산이 된 셈이다.

그러나 현대의 기업에서는 그 연속된 활동을 매해 단한 번만 하고 있다. 돈의 실제 오고감과 상관없이 '발생하는 사건이 있을 때 수익이나 지출이 있다'고 보고, 1년 동안의 이익을 계산하는 것이다. 이것이 '발생주의'라고 불리는 회계 방법이다.

이 방법을 채택하면 돈을 실제로 받았거나 지불한 때와, 장부상에 수익이나 비용으로 기록되는 때가 다를 수있다. 그 결과 결산서에 나타나는 손익의 숫자 움직임과 실제 돈의 움직임은 직결되지 않는다. 이 때문에 경영자로서는 회계의 규칙을 한눈에 파악하기가 어렵다.

무엇보다도 사회가 발전하여 회사 제도와 상거래가 복

잡해지면서 회계도 더 복잡해졌다. '어떠한 사실을 기준으로 수익과 비용이 발생했다고 처리해야 하는가?' 바로 이 부분이 어려운 문제가 되었다.

나는 이러한 상황일수록 회계의 원점으로 돌아가, 가장 중요한 '현금의 움직임'만을 기초로 올바른 경영 판단을 내려야 한다고 생각한다.

이익금은
어디에 있는가?

경영자는 좀처럼 회계학을 자세히 공부할 시간을 내기가 어렵다. 더욱이 경제가 고도로 복잡해질수록 결산 내용을 파악하기도 점점 더 힘들어지고 있다. 그렇기에 월말이나 기말로부터 꽤 많은 시일이 지난 다음에야 완성된 결산서를 보면서, 경리 담당자로부터 온갖 회계 처리의 설명을 들은 후 비로소 회사의 이익이 얼마인지를 파악하게 되는 일이 흔하다.

오래전 내가 기말결산 보고를 끝낸 경리부장에게 "이

익을 냈다고 장부에 적혀 있는데, 이 돈은 어디에 있는 가?"라고 물어본 적이 있다. 그는 "이익은 외상판매대금 으로 묶이기도 하고, 재고물품대금으로 쌓이기도 하고, 설비 투자에 쓰이기도 하는 등 다양한 것으로 변모하였 기 때문에 간단명료하게 어디에 있다고 말할 수 없습니 다"라고 대답했다.

나는 여기에 굴하지 않고 더욱 집요하게 "그럼 이익금 을 배당해야 한다고 하는데, 그 돈은 어디에 있는가?"라 고 물었다. 그러자 경리부장은 이익금을 현재 현금으로 가지고 있지 않기 때문에 배당금은 은행에서 빌릴 예정 이라고 말했다.

나는 그것이 매우 이상하다고 생각되어 "배당할 돈이 없어서 은행에서 돈을 빌려와야 한다면 정말로 이익을 냈다고 말할 수 있는가?"라고 다시 물었다.

이에 경리부장은 "그래도 돈을 '벌었다'고 하는 것이 맞습니다"라고 대답했다.

지지부진한 탁상공론이 이어질 것 같아서, 아예 손익 의 숫자 움직임과 돈의 움직임을 확실하게 연결시켜 설 명하도록 요구했다. 경리부장은 대차대조표 내 각 수지 계산의 움직임을 추적하면서 자금의 원천과 사용 용도를 나타낸 자금운용표를 만들었고, 이를 바탕으로 당기이익과 감가상각에서 나온 자금이 어떻게 되었는지를 설명했다. 그제야 나는 현금의 움직임만으로 계산하면 나오지 않는 고정자산이나 판매자산, 수취어음, 외상판매대금 등 각종 수지 계산 과목이 대차대조표에 나타나 있다는 것을 알게 되었다.

고생 끝에 이익을 낸다 해도 그것을 고스란히 새로운 설비 투자에 사용할 수 있는 것은 아니다. 외상판매대금 및 재고가 증가하면 돈은 그곳에 흡수되어 버리고, 차입금을 상환하면 돈은 이내 사라져 버린다. 이익금이 어떤 형태로 어디에 존재하고 있는가를 잘 파악한 후 경영할 필요가 있다는 사실을 그때 절실히 깨달았다.

교세라는 1990년부터 미국의 회계 기준에 준거하여 연말결산 보고를 작성하고 있다. 미국의 회계 기준이 발전함에 따라 자금운용표는 최근에 '현금흐름계산서'가 되었는데, 다음의 표에서 보이듯이 이익과 돈의 증감 연결을 매우 명확하게 나타내고 있다.

연결현금흐름계산서(예)

(단위:100만 엔)

계 정 〳 기	1997년 3월 기 (1996년 4월 1일 ~1997년 3월 31일)	
	금 액	
I 경영 활동에 의한 현금흐름		
1. 당기순이익		45,650
2. 영업 활동에 의해 증가한 순현금의 조정		
⑴ 감가상각비 및 상각비	41,294	
⑵ 대손충당금	△151	
⋮	⋮	
⋮		
⑿ 자산 및 부채의 순증감	⋮	
− 수취채권의 (△증가) 감소	1,578	
− 판매자산의 (△증가) 감소	2,633	
− 지불채무의 증가	1,597	
− 지불법인세 등의 증가 (△감소)	△ 29,569	
⋮		
⋮	⋮	
⒀ 기타	⋮	38,227
영업 활동에 의해 조달한 순현금	7,028	83,877
II 투자 활동에 의한 현금흐름		
1. 매각가능 유가증권의 구입		△ 131,605
2. 투자 및 장기대부금의 실행		△8,906
3. 매각가능 유가증권의 매각 및 상환		124,583
4. 유형고정자산의 구입에 의한 지불액		△45,773
⋮		⋮
⋮		
9. 기타		1,434
투자 활동에 사용한 순현금		△59,529

기 계 정	1997년 3월 기 (1996년 4월 1일 ~1997년 3월 31일) 금 액
Ⅲ 재무 활동에 의한 현금흐름	
1. 단기채무의 증가 (△감소)	△1,334
2. 장기채무의 조달	1,862
3. 장기채무의 상환	△1,737
4. 배당금 지불	△13,047
5. 기타	△126
재무 활동에 사용한 순현금	△14,382
Ⅳ 환율상장변동에 의한 현금 및 **현금등가물의 영향 금액**	6,133
Ⅴ 현금 및 현금등가물 순증가액	16,099
Ⅵ 현금 및 현금등가물 기수잔고	168,285
Ⅶ 현금 및 현금등가물 기말잔고	184,384

현금흐름계산서에는 경영 활동에 의한 현금흐름에 추가해 '투자 활동 및 재무 활동에 의한 현금의 증감'이 종합적으로 계산되어 있다. 이 계산서를 통해 현금 및 등가물의 합계 총액을 명확히 파악할 수 있다.

자산과 비용을
구분한다

수익과 비용이 돈의 실제 움직임으로부터 분리되면서 근대적이고 세련된 회계 기법이 발달했지만, 그럼에도 경영은 어디까지나 '현금'을 기초로 생각해야 한다.

예를 들어 '어떤 것을 자산으로 남길 것인가'에 따라 경영에서 커다란 차이가 생긴다. 과거에 나는 경리부장에게 다음과 같은 이야기를 한 적이 있다.

어떤 장사꾼이 거리에서 바나나 장사를 한다고 치자. 먼저 청과물시장에서 바나나 한 상자를 구입한다. 역 앞에 자리를 잡고 바나나를 진열하기 위해 근처 과일가게로 가 빈 사과상자 한 개를 300엔에 산다. 사과상자 위에 펼칠 보자기는 잡화점에서 한 장에 1000엔에 산다. 그리고 가격을 표시할 종이와 매직펜을 200엔에 산다. 이렇게 해서 장사 도구를 모두 준비했다.

바나나는 한 다발에 50엔 하는 것으로 스무 다발을 샀다. 그것을 한 다발당 150엔에 판다고 가정해 보자. 그럼

한 다발에 100엔이 남는다. 다행히 장사꾼은 날이 저물 때까지 바나나를 남김없이 다 팔았다.

이로써 발생한 매출은 총 3000엔이다. 바나나 구매 원가가 1000엔이므로 장사꾼의 손에 남은 이익금은 2000엔이어야 한다. 그런데 계산해 보면 돈은 그렇게 남아 있지 않다. 빈 사과상자 300엔, 보자기 1000엔, 종이와 매직펜이 200엔으로 장사 도구를 사는 데에만 1500엔을 사용했으므로 그의 손에는 500엔밖에 남아 있지 않다.

그런데 그때 갑자기 세무서에서 나와 "당신은 2000엔을 벌었으니 그 절반인 1000엔을 세금으로 내시오"라고 말한다. 남은 돈은 500엔뿐인데 왜 세금으로 1000엔이나 내야 하느냐고 물으니, "빈 사과상자와 보자기, 그리고 종이와 매직펜은 다음 장사에 사용할 테니 비용이 아니라 자산이다"라고 대답한다. 뒤이어 "이익은 1500엔의 자산과 500엔의 현금을 합친 것이므로 거기에는 전부 세금이 붙는다"라고 말한다.

그러나 다시 생각해 보면 조금 이상하다. 세무서는 사과상자가 훌륭한 자산이라고 말하지만, 장사꾼 입장에서는 다음 날이면 다른 곳으로 이동해야 하기 때문에 버리고 가야 한다. 사과상자를 산 과일가게에 가서 상자를 되돌려 줄 테니 200엔을 돌려달라고 하면 틀림없이 "공짜라면 받겠지만 다시 사는 것은 사양한다"라는 대답이 돌아올 게 뻔하다. 보자기는 새로 산 깨끗한 것이었기 때문에 바나나가 맛있게 보였던 것이고, 이제는 더러운 천이 되어버려 사용할 수 없게 되었다. 그러니까 사과상자, 보자기, 종이, 매직펜은 세무서의 말과 달리 '자산'으로서 가치가 없는 것이다.

몇 번이고 반복해서 사용하고 가치가 남아 있는 것은 회계상 자산으로 인정되지만, '그것이 정말로 자산으로서 가치를 지니고 있는가, 그렇지 않은가'는 오롯이 경영자가 판단해야 한다. 그리고 그 판단의 결과 역시 모두 경영자의 책임이다. 경영자가 버릴 수밖에 없다고 판단한 것은 자산이라 할 수 없다. 이는 경비로 처리해야 한다. 사과상자는 3000엔의 매출을 올리기 위해 사용한 경비일 뿐, 과일가게에서 다시 구입해 주는 자산이 아니기 때문이다.

이 이야기는 어떤 것을 자산으로 삼고, 또 어떤 것을 비용으로 처리할지에 따라 회계적으로는 커다란 차이가 난다는 것을 보여준다. 물론 실제로는 토지 등을 제외한 고정자산은 감가상각 할 수 있으며, 세법에서도 적은 금액이라면 일시적으로 경비로 처리하는 것을 인정해 주고 있다.

바나나를 팔기 위해 구입한 도구가 사용 후에 버리는 물건이라면 그것은 모두 경비다. 이 바나나 장수는 3000엔의 수입을 올리기 위해 총 2500엔을 지출했다. 남은 금액은 500엔으로 그것이 수중에 가지고 있는 자금의 전부다. 여기에서 또다시 세금을 내고 남은 금액만 자유롭게 사용할 수 있다. 그러나 '1500엔을 들여 구입한 도구는 자산이니까 이익금의 합계는 2000엔이다'라고 생각해 500엔 이상을 사용해 버리면, 순식간에 자금 회전이 어려워진다. 그러므로 지출이 발생한 것은 자산으로 안고 있지 말고 가능한 한 빨리 비용으로 처리하는 편이 좋다.

이미 사용한 돈이 회계상으로 언제 비용처리가 되는지까지 경영자가 신경을 써야 하는 상태라면 경영은 이미 어려워진 것이나 다름없다. 이렇게 보면 어떤 이익이 숫자상으로 나온다고 해도 안심하고 사용할 수 있는 것은 '수중에 있는 현금'밖에 없다. 즉, 기업을 발전시키기 위한 새로운 투자를 가능하게 하는 건 결국 수중에 있는 현금뿐이다.

앞서 말한 것과 같이 벌어들인 돈이 어디에, 어떻게 존재하는가를 명확히 파악하는 일은 경영의 기본이다. 경리 담당자가 며칠 동안 작성한 결산 보고 자료를 봐야 비로소 회사가 번 돈이 어디에 있는지를 알게 된다면, 이는 '현금을 바탕으로 경영한다'고 볼 수 없다. 어디까지나 경영은 '실시간'으로 눈앞의 사실과 다투지 않으면 안 된다.

일반적으로 결산 보고 자료는 경리 담당자가 며칠 동안 어렵게 만들어낸다. 그중에서 결산 정리의 각종 회계적 평가와 판단이 이익과 숫자에 큰 영향을 미친다. 예를 들어 판매 자산은 평가 방법에 따라 금액이 크게 바뀐다. 그러나 현재 수중에 있는 자금은 순간순간 어디에 있는지 명확하게 알 수 있다. 자신이 자유롭게 사용할 수 있는 현금이 실시간으로 파악되지 않으면, 급변하는 경영 환경 속에서 회사를 유연하게 경영해 나가기 어렵다.

그러니 다양한 회계 과정을 통해 계산된 '서류상의 이익'을 추구하지 말고, 분명하게 존재하는 '현금'에 바탕을 두고 경영을 해야 한다. 나의 회계 원칙은 이와 같은 관점에서 비롯되었다. 현금흐름을 회계상의 이익에서 출발하여 생각하는 것이 아니라, 어떻게 경영 그 자체를 '현금 베이스'로 해나갈 것인가를 중심에 두고 있다. 단, 현실적으로는 결산상의 이익도 기업 활동의 성과로서 매우 중요하며, 주주의 배당금도 상법상의 처분가능이익에서 실시하도록 되어 있으므로 당연히 소홀히 해서는 안 된다.

씨름판 한가운데서
씨름하기

매사에 경영자가 돈의 움직임을 걱정한다면 경영이 제대로 돌아갈 리 만무하다. 그 때문에 경영자는 자금 회전이 빠듯한 상황을 절대 만들어서는 안 된다.

어음 만기일에 결제를 하지 못해 자금을 융통하기 위해 필사적으로 여기저기 뛰어다녀서 겨우 어음을 막아놓고, 마치 자신이 경영자로서 굉장한 노력을 한 것처럼 여기는 사람들이 있다. 그러나 이는 잘못된 생각이다. 자금 융통만을 위해 분주하게 움직인다면 이는 진정한 의미의 경영 활동이라 할 수 없다. 마이너스 경영을 가까스로 플러스마이너스제로 수준으로 만든 것뿐이다.

교세라를 창업하고 얼마 지나지 않았을 때 마쓰시타 전기산업의 창업자인 마쓰시타 고노스케松下幸之助 회장의 강연을 들은 적이 있다. 강연 주제는 '댐식 경영'이었다. 폭우가 내려 강으로 흘러 들어가면 강물이 범람해 홍수가 난다. 하지만 댐을 만들어놓으면 댐에 물을 모아두었다가 필요할 때 내보내 홍수를 막을 수도 있고, 가뭄에 대처할 수도 있다. 마쓰시타 회장은 댐을 만들어 물을 모아두고 강에 항상 일정 수준의 물이 흐르게 하는 것처럼, 회사 경영도 자금을 쌓아 여유 있게 해야 한다고 이야기했다.

강연이 끝나고 질의응답 시간에 한 청중이 "어떻게 해야 훗날을 대비해 여유 있는 경영을 할 수 있는지, 그 구체적인 방법을 가르쳐주시지 않겠습니까?"라고 물었다.

마쓰시타 회장은 잠시 당혹스러운 표정을 짓고는 혼잣말처럼 "그렇게 하려고 마음먹으면 되지…"라고 중얼거리더니 아무 말이 없었다. 수많은 청중이 실소를 터트렸지만 나는 그 순간 온몸에 전기가 흐르는 것 같은 강렬한 충격을 받았고, 마음 깊이 동요되었다.

무언가를 성공시키려면 마음 깊은 곳에서 꼭 그렇게 되고 싶다고 생각해야 한다. '알고는 있지만 현실에서는 그런 일이 불가능하다'는 생각이 조금이라도 있으면 그 어떤 일도 실현시키기 어렵다. '무슨 일이 있어도 꼭 그렇게 되어야 한다!', '반드시 그렇게 할 것이다!'라는 강한 의지가 경영자에게는 필요하다.

댐식 경영과 비슷한 취지로 나는 "씨름판 한가운데서 씨름하라"라는 말을 자주 한다. 일본의 씨름인 스모는 밖으로 밀려나면 패하기 때문에, 씨름판의 가장자리가 아니라 여유가 있는 한가운데에서 경기를 해야 한다. 만약 씨름판 가장자리로 밀려나면 불안한 상태에서 기술을 걸어야 하기 때문에 자칫 내 발이 밖으로 나가버리거나 내가 넘어질 수도 있다. 그런 상태보다는 어떤 기술이라도 과감히 걸 수 있는 씨름판의 한가운데서 경기해야, 즉 가장자리로 밀리지 않겠다는 긴장감을 가진 상태로 씨름해야 확실한 승부를 볼 수 있다.

이것을 기업의 재무에 비교하자면 "항상 자금 걱정 없이 안심한 상태에서 경영할 수 있도록 해야 한다"라는 말이다. 이와 같은 강한 의지가 교세라를 지금까지 '빚이 없는 기업'으로 이끌었다.

이 세상에 많은 경영자가 은행에서 돈을 빌려 그것을 종잣돈으로 삼아 사업을 급속히 확대하라고 조언한다. 그러나 "은행은 날씨가 좋은 날에는 우산을 빌려주지만, 비가 내리면 우산을 회수한다." 잔혹한 이야기처럼 들릴지도 모르겠지만, 돈을 빌려준 후 받아내지 못하면 은행으로서는 사업을 운영할 수 없기 때문에 비가 오면 빌려준 우산을 회수함이 마땅하다. 그러므로 경영자는 어떤 상황에서도 자신의 힘으로 회사가 비에 젖지 않도록 노력해야 한다.

현대사회에서는 기술 혁신이 급속도로 진행되어 매우 빠른 기간에 사업 환경이 변해버리는 경우도 있다. 그런 환경에서는 예측을 상회하는 막대한 자금을 연구 개발이나 신규 설비에 투입해야 하는 상황이 벌어지기도 한다. 만약 그런 상황이 벌어진다 해도 경영자는 사원의 생활과 주주의 이익을 최우선으로 지켜야 한다.

그런데 만약 이때 자금에 여유가 없다면 자금 문제에 쫓기게 될 뿐만 아니라, 미래를 대비하는 적극적인 행동을 취할 수 없게 된다. 그러므로 경영자는 필요에 따라 사용할 수 있는 돈, 즉 자기 자금을 여유 있게 준비해 두어야 한다. 그러기 위해서는 내부를 탄탄하게 하는 방법 외에는 없다. 즉, 기업의 안정도를 측정하는 지표인 '자기자본비율'을 높여야 한다.

여전히 많은 경영자가 대출을 전제로 경영을 이어나간다. 이익을 점차 늘려 자신의 돈으로 경영을 하는 게 아니라, 우선 은행에서 돈을 빌려 사업을 벌인다. 이익이 발생해 세금이나 배당금을 내는 것보다 대출을 하고 이자를 지불하는 편이 세금도 절약하고 메리트도 더 크다고 생각하기 때문이다.

그러나 대출에 의한 자금 조달은 시장 금리나 자금 수급의 동향, 정부나 금융기관의 정책 및 방침에 직접적인 영향을 받는다. 이러한 사정을 다 따르다 보면 새로운 사업이나 생산 설비의 확대를 위한 투자에서 자칫 타이밍을 놓치기 쉽다. 또한 자금을 빌려주는 은행의 의향에 신경 쓰다 보면 새로운 사업을 진행하기 위한 투자는 실행이 어려울 수도 있다.

자금을 은행에서 빌리려면 상환 계획을 분명히 세워야한다. 당연한 말이지만, 상환 지불에는 원금에 이자가 붙는다.

기업이 대출 상환으로 충당하는 자본은 크게 두 가지가 있다. 하나는 세후 이익이고, 다른 하나는 회계상으로는 경비로 처리하지만 실제로는 수중에 현금으로 남아있는 감가상각이다. 그러니까 안전하게 경영을 하려면 감가상각과 세후 이익을 합한 금액으로 상환 가능한 범위 내에서만 설비 투자를 해야 한다.

나는 대출은 무조건 빨리 상환하려고 했기 때문에, 교세라는 비교적 이른 시기에 자기자본비율을 높일 수 있었다. 구체적으로는 다음 그래프처럼 창업 15년째에 총

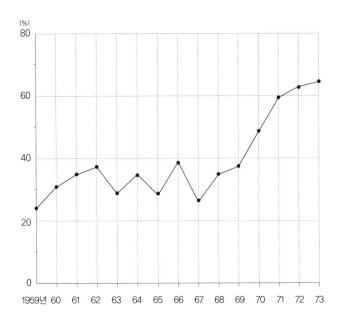

교세라의 자기자본비율 추이(창업 후 15년간)

자산이 차지하는 자기자본비율을 70퍼센트 가깝게 올릴
수 있었다.

이는 자기자본을 축적하면서, 그와 더불어 더욱 커다란
자기자본을 만들도록 경영한다는 '현금 베이스 경영'의
결과다.

계산이 맞는데
돈이 모자란다?

앞에서 말한 것과 같이 근대의 회계는 '발생주의'에 근거해 발전했고, 그에 따라 회계 자체가 매우 복잡해졌다. 그렇기에 계산을 통해 나오는 이익이 실제로 수중에 쥐고 있는 돈의 움직임, 즉 '현금흐름'과 곧바로 연결되지 않는다.

그러나 최근에는 회계학에서도 이 현금흐름을 매우 중요시한다. 이익이 아니라 앞으로 얼마만큼의 현금을 만들어낼 능력이 있는가에 따라 기업을 평가해야 한다는 사고방식이 전문가들 사이에서 일반적으로 받아들여지고 있다. 특히 미국에서는 대차대조표나 손익계산서와 함께 '현금흐름계산서'가 정규 결산 보고를 구성하는 것으로 명확하게 자리매김하고 있어, 결산보고서에도 이 내용이 반드시 포함되어야 한다.

이러한 경향은 경영자들에게 환영받고 있고, 내가 세운 교세라의 회계학 정신과도 일맥상통한다. 다만 현재의 이 '현금흐름'은 발생주의에 따라 계산한 이익에 대해 감가상각 등의 현금 움직임을 함께하지 않은 항목을 조정한 것에 불과하다.

이에 비해 내가 말하는 '현금 베이스 경영'이란 경영 그 자체를 '실제의 현금 움직임'과 '이익'이 직결시키는 것을 의미한다.

나는 자주 "계산은 맞는데 돈이 모자란다"라는 말을 사용해 현금 베이스 경영의 중요성을 강조한다. 해마다 결산상으로는 이익이 나오고 있는데, 실제로는 자금 회전이 어려워 항상 쓸 돈이 부족한 회사를 종종 본다. 이는 현금이 아니라 결산상의 이익을 베이스로 경영한 결과다.

'이익이 오른 만큼 현금이 수중에 없으면 안 된다'고 생각하는 사람은 회계 전문가들의 세계에서 비전문가로 여겨질지도 모른다. 그러나 근본적으로는 사업 활동에서 얻어지는 이익이야말로 '현금'의 커다란 원천이다. 그러므로 만약 회계학이 '현금'과는 완전히 동떨어진 결산상의 '이익'을 계산하는 것뿐이라면, 실제 경영에서는 아무 짝에도 쓸모없는 학문이라고 해도 과언이 아니다.

"이익금은 어디에 있는가?"

이는 경영자가 결산보고서를 볼 때마다 항상 환기시켜야 하는 중요한 질문이다.

일대일 대응을
고수하라

여기에서 설명하고자 하는 '일대일 대응의 원칙'과 앞서
말한 '현금 베이스 원칙'은 나의 회계 원칙 중 가장 기본
적인 것이다. 특히 일대일 대응의 원칙은 회계처리 방법
으로 엄격하게 지켜야 한다. 기업과 그 안에서 일하는 인
간의 행동을 규율하고, 회사 안팎에서 봐도 부정이 없는
투명한 경영을 실현시키는 역할을 하기 때문이다.

경영 활동에서 제품과 돈이 움직일 때 전표도 반드시
일대일 대응의 원칙을 따라 움직여야 한다. 즉, 전표 없이
현금이나 물건이 움직이거나, 현금이나 물건의 움직임을

확인하지 않고 전표를 끊어주는 일이 벌어져서는 안 된다. 그런데 당연해 보이는 이것이 실제로는 여러 가지 이유로 지켜지지 않는다. 예를 들어 전표가 먼저 처리되고 제품은 나중에 전달되거나, 이와 반대로 제품은 먼저 받았는데 전표는 다음 날 발행되는 일이 세계 최고의 기업이라 불리는 대기업에서도 빈번하게 일어나고 있다. 이와 같은 '전표 조작' 내지는 '부외처리'가 조금이라도 허용된다는 것은 숫자가 편법에 의해 얼마든지 바뀔 수 있다는 것을 의미하며, 극단적으로는 기업의 결산을 신용할 가치가 없다고도 볼 수 있다.

현실에서는 기말이 되면 어쩔 수 없이 매출을 실제보다 부풀리는 일이 허다하게 일어난다. 거래처에 전화를 걸어 "이번 기에 매출이 부족하니 이 내용으로 10억 엔의 매출전표를 이쪽에서 발행합니다. 다음 기초에 반품해서 다시 거둬들일 테니까 잘 부탁합니다"라고 의뢰를 한다. 거래처와 말을 맞춘 것만으로 전표를 발행해 기말 매출을 조금이라도 좋게 보이고자 하는 행동이다. 이런 일이 한 번이라도 벌어지면 사원들은 감각이 마비되어, 숫자는 얼마든지 조작할 수 있는 것이고 심지어 조작하는 것이 당연하다고까지 생각하게 된다.

그 결과 사내 관리는 형식상으로만 존재하게 될 뿐, 조직의 도덕성이 크게 떨어지고 만다. 숫자가 조작의 대상이 되면 그 누구도 성실하게 일하지 않을 것이다. 그런 회사는 성장할 리 만무하다.

일대일 대응의 원칙이란 이와 같은 사태를 사전에 방지하고, 발생한 모든 사실을 즉시 인식하여 투명하게 관리하는 것을 의미한다. 일대일 대응이 사내에서 철저히 지켜지면 그 누구도 고의로 숫자를 조작할 수 없다. 전표만 제멋대로 움직이거나 제품만 오고 가는 일이 불가능하게 된다. 간혹 중소기업에서는 사장이 경리 담당자에게 "지금 급하니까 5만 엔만 꺼내줘"라던가 "5만 엔만 줘. 가불전표는 나중에 끊을게" 하는 식으로 현금을 가져가곤 한다. 하지만 그런 일은 절대 벌어져서는 안 된다. 돈이든 물건이든, 움직이면 반드시 전표가 함께 붙어 다녀야 한다. 이것이 경영의 원칙이다. 이 원칙만 잘 지키면 숫자는 사실만을 나타내게 된다. 사실을 애매하게 만들거나 은폐할 수 없는 투명한 시스템을 구축하여 경영자를 포함한 모두가 일대일 대응의 원칙을 지키면, 사내 부정을 방지하고 도덕성을 높일 수 있어 사원 한 사람 한 사람이 가진 회사에 대한 신뢰를 강화하게 된다.

그리고 이렇게 전표 숫자를 차곡차곡 쌓아 올린 것이 그대로 회사 전체의 숫자가 되므로, 이를 바탕으로 만든 결산보고서는 회사 전체의 진정한 모습과 상태를 나타내게 된다. 일대일 대응의 원칙은 다소 원시적인 수법으로 보이지만, 철저히 지켜지기만 하면 사내 도덕성을 높임과 동시에 회사 내의 모든 숫자를 신뢰할 수 있게 만든다.

미국에서 깨달은
일대일 대응의 중요성

교세라를 창업하고 3년째인 1962년에 나는 처음으로 미국을 방문했다. 당시 일본의 세라믹 시장은 매우 한정적이었기 때문에 최첨단 전자공학과 반도체 산업이 크게 발전한 미국에 진출해 자사의 세라믹 제품을 꼭 팔고 싶었다. 처음에는 주문을 받지 못해 상당히 고전했지만, 1968년에는 반도체 산업의 메카가 된 실리콘밸리 근처 캘리포니아의 써니베일이라는 곳에 영업소를 두고 현지 영업을 시작하게 되었다. 그때 나는 본사 무역부장이자 해외 경험이 풍부한 우에니시上西와 그 밑에 입사한 지 얼마 되지 않은 신입사원을 미국 주재원으로 부임시켰다.

그 신입사원이 현재 교세라의 전무인 우메무라梅村다. 우에니시는 영어를 매우 잘했지만 회계에 대해서는 아무것도 몰랐다. 이공계 출신인 우메무라 역시 회계에 대해 잘 몰랐고, 영어도 잘하지 못했다. 그래서 써니베일에 영업소를 차렸을 때 샌프란시스코에 있던 일본인 2세 공인회계사에게 경리 업무를 지원해 달라고 부탁했다. 전표 처리는 우메무라의 업무였는데 좀처럼 진전이 없어 고생하는 듯 보였다.

그때 나도 회계에 대해 잘 알지 못했다. 그래서 미국 출장길에 그를 만나 "함께 스탠퍼드대학교 도서관에서 회계 공부를 해보자"라고 제안했다. 샌프란시스코 교외에 있는 스탠퍼드대학교 도서관에 가보니 난해한 전문

서적은 물론이고 과일가게 주인이 부기를 작성하는 방법을 소개하는 초보용 서적까지 모두 구비되어 있었다. '미국은 역시 실용 학문의 나라구나'라고 생각하며 둘이 함께 회계에 대해 기초부터 공부했던 일이 생각난다.

다행히도 미국에서의 일이 순조롭게 진행되기 시작했다. 때마침 실리콘밸리에 반도체 산업 붐이 일어나 당시 최대 반도체 제조사인 페어차일드 사로부터 주문이 증가했다. 우메무라는 영업 활동 및 제품 발주와 납품 관리는 물론이고, 경리 업무까지 모든 일을 혼자서 초인적으로 처리하기 시작했다.

나중에 주재원사무소가 발전해 현지법인이 된 직후 미국으로 건너간 내게 우메무라는 기쁜 얼굴로 이렇게 말했다.

"사장님, 모든 일이 순조롭게 진행되고 있습니다. 우에니시 부장님도 크게 기뻐하고 있습니다!"

반기별로 실적을 보면 매출과 이익이 순조롭게 늘어나고 있는 것이 사실이었다. 그러나 월차결산을 보면 크게 적자가 나거나 아니면 크게 흑자가 나면서 불안정한 모습을 보였다.

나는 "이런 일은 있을 수 없다. 일대일 대응을 해야 한다고 했잖아. 어떤 달은 이렇게 매출이 많은데 왜 적자가 나고, 다음 달은 같은 매출인데 이렇게 흑자가 난다는 것은 이상해. 도대체 어떻게 된 거야?"라고 물었다.

그러나 우메무라는 "저는 공인회계사에게 배운 그대로 하고 있습니다. 틀림없이 이렇게 됩니다"라고 대답했다. 이런 엉터리 같은 일이 있을 수 없다고 생각하여 조사를 해보니, 역시 일대일 대응이 아니라 다음과 같이 처리되고 있었다.

고객인 페어차일드 사의 재촉으로 일본에서 제품을 항공편으로 보낸다. 제품은 샌프란시스코 공항에 도착하자마자 통관을 끝낸 후 써니베일 사무소로 온다. 우메무라는 페어차일드 사로부터 "빨리 물건을 보내줘. 지금 당장 필요해!"라는 재촉을 받고 무작정 서둘러서 제품을 배달한다. 그때 매출전표도 발행한다.

그러나 일본의 교세라에서 써니베일에 있는 현지법인 앞으로 발행한 출하청구서류는 은행을 경유해 제품보다 일주일 정도 늦게 미국에 도착한다. 그제야 우메무라는 이 서류를 근거로 매입을 계상한다. 결국 그는 미국에서 판매한 제품의 매입전표 처리를 하지 않은 채 매출전표를 발행한 것이다. 그러니까 월말에 일본의 공장이 보내온 제품을 한꺼번에 고객에게 납품을 하면 매출은 크게 올라가지만, 매입이 일주일 뒤에 이루어지므로 다음 달에 커다란 적자가 발생한다. 이렇게 해서 매월의 이익이 심히 달랐던 것이다.

이런 점을 지적하자 우메무라는 회계상으로는 은행을 경유한 선적서류가 도착한 다음에야 대금 지불을 확정할 수 있기 때문에 어쩔 수 없는 일이라고 변명했다.

물론 맞는 말이다. 하지만 어떤 경우에도 일대일 대응의 원칙은 반드시 지켜져야 한다. 이를 위해 나는 우메무라에게 두 가지 원칙을 지시했다. 첫째, 물건이 도착했을 때 매입전표 처리가 가능하도록 물건이 입하되면 반드시 매입전표를 발행해 교세라에 대한 외상매입대금을 계상할 것. 둘째, 그 후 은행에서 선적서류가 도착했을 때 매입전표와 외상매입대금을 대조해 은행에 대한 지불채무로 대체할 것.

각각의 거래는 충실히 처리되고 있는 것처럼 보여도 매출과 매입을 일대일로 대응하지 않으면, 이익과 매출 실적이 일치하지 않아 매월 숫자상의 적자와 흑자를 반복하게 된다. 아무리 담당자가 열심히 해도 일대일 대응으로 올바르게 처리하지 않은 월차결산을 만들면, 잘못된 숫자를 바탕으로 경영 판단을 하게 되어 회사가 위험해질 우려가 있다.

좋을 때도 나쁠 때도
공명정대하게

미국에서 겪은 회계 문제는 이뿐만이 아니었다.

교세라가 주식을 상장하려고 할 때였다. 결산보고서에 감사 증명을 받기 위해 미야무라 큐지宮村久治 라는 공인회계사를 소개받게 되었다.

잘 부탁드린다는 인사를 하려고 연락을 하니 미야무라 회계사는 이렇게 말했다.

"의뢰해 주셔서 감사합니다만, 당신이 어떤 경영자인

지를 확인한 다음에 의뢰의 가부를 결정하고 싶습니다. 저는 돈만 주면 얼씨구나 하고 모든 의뢰를 다 받는 사람이 아닙니다. 의뢰해 주신 것은 감사하지만 그 의뢰를 받을 것인지 말 것인지는 당신을 직접 보고 결정하겠습니다."

실제로 만나보니 더욱 심한 말을 했다.

"감사하는 회계사에게 '이 정도는 양보해 주시죠. 이정도는 괜찮지 않나요? 너무 딱딱하게 굴 필요는 없잖아요'라고 말하는 경영자가 있습니다. 저는 그런 분하고는 절대 같이 일하지 않습니다. 경영자는 공명정대해야 합니다. 올바른 일을 올바르게 하는 경영자가 아니면 나는 감사 의뢰를 받지 않습니다. 그래도 좋습니까?"

나는 곧바로 대답했다.

"좋습니다. 내 생활 방식이 그러합니다. 나도 바라던 바이고요."

그러자 이런 말이 되돌아왔다.

"모두가 처음에는 그렇게 대답하지요. 지금은 회사 사정이 좋으니까 그렇게 말합니다. 하지만 경영이 어려워져 회사 상황이 나빠지면 어김없이 어떻게든 방법을 찾아달라고 말하게 됩니다. 사람들은 상황이 좋을 때는 모두 공명정대하고 불평도 없습니다. 그러나 상황이 나빠지면 달라지지요. 그러한 상황에서도 당신이 공명정대함을 잃을지, 잃지 않을지는 내가 판단하겠습니다."

"그 점은 약속하겠습니다. 좋을 때만 사탕발림으로 말하는 게 아니라 나쁠 때도 어디까지나 공명정대하게 움직일 것, 나는 그 점을 꼭 지키겠습니다. 믿어주십시오."

정말 완고한 회계사라고 생각했지만 대화를 주고받은 끝에 마지막에는 "그렇게까지 말한다면 의뢰를 받기로 하겠습니다"라고 대답했다.

상장에 대해서도 미야무라 회계사는 깐깐하게 접근했다.

"벤처기업으로 창업해 이렇게 빨리 상장한다고 하니 사내 관리 시스템도 아직 정비되지 않았을 것이고, 여기저기 많은 문제가 있을 것입니다. 더욱이 최고 경영자는 이공계 출신의 기술자이고 회계에 대해서는 아무것도 모릅니다. 그런 사람이 영업을 확대해서 해외에까지 현지 법인을 만들었으니…."

그래서 그가 맨 처음에 감사를 시작한 부분은 내부관

리였다. 제일 먼저 문제 삼은 것은 가장 눈길이 닿지 않은 해외였다. 그는 캘리포니아 써니베일에 있는 교세라의 현지법인까지 일부러 방문했다.

방문해 보니 이곳 또한 이공계 출신의 남자가 영어도 잘 못하면서 영업부터 경리까지 혼자서 전부 처리하고 있어, 미야무라 회계사는 안 봐도 뻔하다고 생각했던 모양이다.

그러나 정작 조사해 보니 모든 전표가 일대일 대응으로 처리되어 있었다. 현금을 넣어둔 작은 금고가 있었는데 금고를 열고 현금과 장부를 하나하나 대조해 보니 1센트도 틀리지 않았다. 그 후 미야무라 회계사는 교세라의 회계 시스템을 인정했다.

결국 일대일 대응이 되어 있는지 그렇지 않은지가 문제인 것이다. 미국의 현지법인도 그때까지 일대일 대응 원칙을 엄격히 지켜왔기 때문에 회계에서 문제를 일으키지 않았다. 그 뒤 이 현지법인은 미국 각지로 거점을 넓혀서 지금은 사원 2000명, 매출액 7억 달러가 넘는 기업으로 성장하고 있다.

외상대금도
일대일로만 삭제한다

대기업은 조직이 다양한 사업부로 나뉘어 있기 때문에 부자재도 각각 사업부에서 거래처에게 직접 발주를 한다. 그러나 외상매입대금의 관리는 본사 경리부에 집중되어 있어서 각 사업부의 구입 금액은 경리부가 일괄적으로 상대 기업에게 지불하는 경우가 많다.

교세라의 거래 조건은 거래처마다 조금씩 다른데, 제품을 고객에게 납품한 후 검수가 끝난 달의 월말에 합계를 내 그다음 달에 지불하는 '90일 어음' 조건이 있다. 꽤 오래된 이야기지만 "자금 사정으로 지불을 조정하고 싶다"라고 하는 고객의 요청이 있었다. 구체적으로는 '이번 달에 지불해야 할 외상매입대금이 5000만 엔 있는데, 자금 회전이 어려워 일단 2000만 엔만 지불하고 싶다'는 내용이었다.

그때 나는 "그것은 어떤 제품의 대금입니까?"라고 확인했다. "그 2000만 엔은 일부 지불입니까? 아니면 어느 사업부에 납품한 몫입니까? 만일 A사업부에 납품한 물건과 B사업부에 납품한 물건을 합한 금액이 2000만 엔일 경우, 그 몫을 오늘 지불한다는 것이 아니면 받아들일 수 없습니다. 그렇게 하지 않으면 당사에서는 외상판매대금과 대응해 전표 삭제를 할 수 없어 사내 경리 처리를 못하기 때문입니다"라고 대답했다.

외상판매대금을 회수할 때에는 'A제품에 대한 입금이 있었다' 혹은 'B제품에 대한 입금이 있었다'는 식으로 일대일 삭제를 해나가야 한다. 그러지 않고 몇 개의 제품에 대한 입금액이 2000만 엔이라는 식의 내용으로는 삭제가 불가능하다. 출하뿐만 아니라 지불 역시 일대일 대응으로 하지 않으면 정확한 처리를 할 수 없다.

그리고 외상매입대금을 지불할 때에도 "몇 월 며칠에 구매한 A제품에 대한 대금을 이번에 지불하겠습니다"라는 식으로 일대일로 정확하게 처리해야 한다. 여러 개의 제품에 대한 금액을 합쳐 몇 백만 엔이라고 지불하는 것은 원칙에 어긋난다. 이와 같이 물품 대금을 지불하는 경우는 물론이고 물품 대금을 지불받는 경우에도 반드시 일대일 대응을 지켜서 신뢰받는 회계 자료를 만들어야 한다.

일대일 대응으로
경영이 건전해진다

일대일 대응은 기업이 움직이는 모든 순간마다 성립되어야 한다. 고객에게 제품을 출하할 때는 반드시 출하전표를 발행해 매출을 계상하고, 이후 외상판매대금으로 관리하여 입금할 때까지 지켜봐야 한다. 제품의 배송을 운송업자에게 의뢰할 때나 혹은 영업사원이 직접 고객에게 배달하는 때에도 이 수속은 동일하게 지켜진다.

교세라 창업 당시 대부분의 고객은 기업의 연구소나 공공 연구기관이었다. 연구원들로부터 "이런 실험을 하고 싶으니 이런 것을 세라믹으로 만들어주십시오"라는 의뢰를 받아 다양한 제품을 만들었다. 고객은 약속한 납기일은 뒤로하고 실험의 진행 결과에 따라 "일단 완성된 것부터 빨리 부탁드립니다"라고 재촉하는 일이 다반사였다. 그럴 경우는 영업사원이 서둘러 제품만 배달하고 오는 일도 있었다.

제품을 움직일 때는 반드시 전표를 일대일 대응으로

발행할 필요가 있는데도 불구하고, "급히 필요하니 한밤 중이라도 가지고 오시오"라는 고객의 부탁을 받고 제조 현장에 있는 제품을 준비해 배달을 나갔다. 한밤중이었으므로 정상적인 사무 처리는 불가능했다. '전표는 내일 처리하지, 뭐'라고 생각했지만 바쁜 탓에 까먹기 일쑤였다. 월말이 가까워지자 제조 담당자로부터 "지난번 것은 어떻게 됐어? 언제 매출로 올릴 거야?"라는 말을 듣고는 서둘러 고객에게 달려갔지만, 정작 상대방은 그 제품이 어디에 있는지 몰라 확인할 수 없다는 말만 들은 적도 있다. 결국 전표 처리를 하지 못했으니 돈도 받아낼 수 없었다. 그런 일이 정말 수없이 많았다. 고객을 소중하게 생각하는 마음에서 비롯된 일이지만, 그럼에도 나는 고객을 만족시키는 것과 경리 처리를 정확하게 하는 것은 엄연히 다른 일이며 양쪽 모두 정확하게 해야 한다고 생각한다. 그래서 어떤 경우라도 일대일로 전표를 발행하지 않으면 절대 제품을 움직일 수 없는 시스템을 구축했다.

제품과 돈의 움직임에 따라 일대일 전표가 발행되어서 정상적으로 일을 처리하는 것은 매우 단순하게 보인다.

하지만 많은 경영자는 그것이 건전한 경영을 하기 위해 꼭 지켜야 할 소중한 원칙이라는 것을 잘 알지 못한다. 최근 여러 기업에서 발생한 수많은 부정 처리와 불상사를 생각하면 쉽게 수긍이 가리라 생각한다.

건전한 자산 상태를
유지하라

기업은 지속적으로, 그리고 영원히 발전해야 한다. 그러기 위해서는 어떻게 해야 할까? 기업을 인간의 몸에 비유하자면, 몸의 구석구석까지 피가 돌게 하고 항상 활성화되어 있는 탄탄한 근육을 지니게 해야 한다. 즉, 경영자는 군살이 전혀 없는 '근육질 기업'을 만드는 것을 목표로 경영해야 한다.

예를 들어 회사가 상장되면 경영자로서는 아무래도 투자자들에게 회사가 잘 보였으면 하는 마음이 앞서기 마련이다. 높은 주가를 유지하고 싶다는 의욕이 넘쳐 이익을 비롯해 모든 것을 좋아 보이게 만들고 싶어진다. 그러나 허세를 부리면 군살만 붙어 불필요한 부담이 늘어날 뿐이다.

인간은 누구나 타인에게 잘 보이고 싶다는 마음을 갖고 있다. 그러나 경영자는 그러한 욕망을 경계해야 한다. 경영자가 허영심이 강하면 그 기업은 외관만 보기 좋게 장식된 군살투성이가 될 것이다.

본격적으로 강한 기업을 만들고 싶다면 경영자가 자기 자신이나 기업을 제 실력 이상으로 보이게 하려는 유혹에 빠지지 않도록 강한 의지를 지녀야 한다.

설비는 생산성이
최우선이다

교세라를 창업한 초창기에는 워낙 회사에 자금 여유가 없었기에 사원들에게 철저히 근검절약을 강조할 수밖에 없었다. 사무실의 책상이나 의자도 새것으로 사지 않고 중고가게에서 파는 싼 물건을 사서 사용했다. 업무를 보는 데 반드시 새 책상이나 새 의자가 필요하다고 생각하지 않았기 때문에 신입사원들에게도 중고품을 사용하도록 했다. 때로는 다른 회사가 사옥을 옮길 때 그간 사용하던 집기들을 싼 가격으로 구입하기도 했다.

제조 설비를 구입할 때도 마찬가지였다. 대다수의 현장 기술자들은 신제품 기계를 사용해 보고 싶어 했지만, 나는 "기계나 설비는 중고가 괜찮은지 알아보고 괜찮다면 그걸로 사용하길 바란다"라고 말했다. 아무리 성능이 뛰어난 기계일지라도 쉽게 구매하게 하지 않았고, 현재 사용하고 있는 기계를 얼마나 더 잘 사용할 것인지를 창의적으로 생각해 보도록 철저히 교육했다.

창업한 지 얼마 되지 않았을 무렵, 처음으로 미국에 방문했을 때 경쟁사의 제조 공장을 견학할 기회가 있었다.

그곳에는 독일에서 만든 최신식 프레스기계가 정연하게 늘어선 채 리드미컬하게 움직이고 있었다. 반면 당시 교세라는 내부에서 설계한 프레스기계를 필사적으로 가동시키느라 고생을 하고 있었다.

최신식 설비를 갖춘 공장을 돌아보면서, 독일제 기계

가 속도는 물론이고 성능까지 뛰어나다는 사실에 깜짝 놀랐다. 그곳의 공장장에게 "이 기계는 한 대에 얼마 정도 합니까?"라고 물으니 눈이 튀어나올 정도로 비싼 가격을 이야기했다. 그때 나는 이렇게 생각했다.

'이렇게 비싼 기계는 1분에 제품을 몇 개 정도 만들 수 있을까? 교세라의 설비 투자 총액은 이곳의 몇십분의 일인데 기계 생산성이 절반에 가깝다면, 우리가 자체 제작한 기계가 더 효율적인 것 아닌가?'

대부분의 경영자는 이런 식으로 계산하여 사고하려 하지 않고 하루라도 빨리 최신식 설비를 도입하려고 한다. 고급 설비 투자를 하면 그 즉시 생산성이 향상되고, 최첨단 기술을 사용하고 있다는 만족감도 얻을 수 있기 때문이다. 그러나 실제로 그것이 경영 효율 향상에 고스란히 반영된다고는 할 수 없다. 허영심만으로 설비 투자를 반복하다 보면 오히려 근본적인 경영 체질이 약해지며, 사원들이 한정된 경영 자원을 소중하게 활용하지 못하게 된다.

불량자산은 자산이 아니다,
'세라믹 돌멩이론'

창업 초창기 교세라의 세라믹 제품은 "이런 것을 만들 어달라"는 고객의 주문에서 비롯된 주문 생산품이 전부 였다. 예를 들어 TV 브라운관에 특정한 형태의 절연 부품이 필요하다고 하면 거래처의 엔지니어나 관계자와 협의해 재질과 디자인을 결정하고, 그것을 바탕으로 부품을 만들었다. 이렇게 생산된 세라믹 부품은 고객이 그 브라운관을 활용한 TV를 생산할 때 가치가 있었다. 당사나 고객에게도 이익을 가져다주었음은 물론이다.

그러나 세라믹 제품의 특성상 한번 완성품이 만들어지면 다른 형태의 제품으로 변형할 수 없었다. 이는 공정 도중이라도 불가능에 가까웠다. 바로 이럴 때 '재고의 가치를 어떻게 판단해야 하는가?'라는 문제가 발생한다. 예를 들어 고객에게 1만 개의 주문을 받았을 경우, 제조는 수율(원료 또는 재료 투입량에 대한 제품의 생산 실적 비율)이나 계속될 주문의 납기 대응 등을 고려해 1만 2000개를 만든 후 1만 개를 고객에게 납품하고 나머지 2000개는 회사에 재고로 남긴다고 치자. 한 개의 가격이 100엔이라면 20만 엔분의 재고가 장부에 계상된다.

그런데 만약 고객이 앞으로는 같은 형태의 TV 기종을 만들지 않겠다고 선언하면 재고 2000개의 가치는 사라져 버린다. 더군다나 이것이 장부상에 재고로 남으면 자산으로 취급받아 세무 조사에서 문제를 일으킬 수 있다. 이미 실질적으로는 가치가 없어졌으므로 재고 2000개를 자산이라고 생각하는 것 자체가 이치에 맞지 않는데도 말이다. 아무리 큰돈을 들여 훌륭한 제품을 만들었다 해도, 이미 그것은 세라믹 부품이 아니라 '세라믹 돌멩이'에 지나지 않는다.

실제로 나는 이와 같은 상황에 처한 재고 평가를 '0'으로 했는데, 세무 조사에서 문제가 발생했다. 세무서 직원은 창고에 가득 쌓인 제품을 보고 이렇게 말했다.

"왜 이 재고를 '0'이라고 평가했습니까? 이 제품들은 한 개당 100엔에 팔았던 것으로 원가가 50엔이니까 원가로 평가해서 계상해야 합니다. 당연히 그에 따른 세금이 부과되지요."

"잠깐만요. 이 제품들은 주문을 받아 제작하고 남은 것이라 언제 팔릴지 알 수 없습니다. 아니, 팔릴 가망이 거의 없어 버려도 좋은 제품입니다. 그래도 혹시 주문이 들어올지 몰라 보관하고 있었습니다."

"팔릴 가능성도 있으니 보관한다는 것 아닙니까? 버리기 전까지는 자산으로 취급되니 따라서 이에 관한 세금을 내야 합니다."

"이 제품들은 납품한 거래처 외에는 사갈 곳이 없습니다. 처음 고객이 아닌 다른 사람들에게는 돌멩이나 마찬가지입니다. 일단 자산이 아닌 것으로 해놓고 나중에 팔리면 그때 세금을 낼 테니 지금은 평가에 넣지 말아주세요."

"그렇게 할 수 없습니다. 이것은 분명 정상적인 제품 아닙니까? 자산이라고 인정되면 그만큼 소득을 늘려서 세금을 부과하겠습니다."

언제 팔릴지 가망도 없는, 아니 오히려 팔리지 않는다고 봐야 하는 제품인데도 자산으로 인정되어 세금을 내야 한다니. 하지만 나중에 알아보니 세무서 직원의 말이 맞았다. 팔릴 가망이 없는 제품도 자산으로 평가받을 뿐 아니라, 대차대조표에는 상품 재고로 기록되어 소득으로 취급되었다. 아깝다는 마음에 쌓아두면 세금만 더 내게 될 판이었다. 어쩔 수 없이 나는 당분간 주문 가망이 없는 세라믹 부품은 말 그대로 '돌멩이'로 취급해 버리기로 했다. '강한 근육질의 회사'를 만들기 위해 불량자산을 안고 있지 않기로 결정한 것이다. 이것이 내가 말하는 '세라믹 돌멩이론'의 의미다.

제조에서 특히 주문 생산, 그중에서도 OEM(주문자 브랜드에 의한 위탁 생산)으로 제품을 생산할 경우 이와 같은 문제가 일어나기 쉽다. 예를 들어 공작기계 세 대를 주문받았는데 부품은 만일의 경우를 대비해 네 대 분량을 발주했다고 가정해 보자. 다행히도 세 대 모두 불량 없이 정품이 나왔기 때문에 한 대 분량의 부품이 남아버렸다. 물론 그 부품은 고객 사양으로 발주한 것이므로 다른 곳에 판매할 수도 없다. 더군다나 다음 주문이 언제 올지도 모르는 일이다. 그럴 때 가장 바람직한 방법은 언제까지고 부품을 안고 있지 말고, 가능한 한 재고 평가도 하지 않은 채로 장부에서 삭제하는 것이다.

일반 유통업에서도 마찬가지다. 아무리 관리를 잘해도

매입한 것 중에는 많든 적든 재고가 발생하기 마련이다. 재고는 매입한 가격으로 재고 평가되는 것이 일반적이다. 그리고 실제 재고 조사는 일반적으로 경영자가 아닌 담당자가 한다. 그렇게 하면 장기간 팔리지 않은 제품은 앞으로 팔릴 가능성이 전혀 없는데도, 창고에서 먼지를 잔뜩 뒤집어쓴 채 몇 번이고 재고 평가되는 경우가 발생한다. 즉, 이미 가치가 없는 제품이 창고에 남아서 자산이 되어버리는 것이다. 이렇게 되면 결과적으로 외관상 이익이 늘어나 불필요한 세금을 지불하는 일이 벌어진다.

그래서 재고 조사는 직원을 시키지 말고 경영자가 자신의 눈으로 직접 확인하고, 자신의 손으로 직접 만지면서 해야 한다. "이것은 3년 전부터 전혀 팔리고 있지 않잖아. 이제 이 제품은 버리도록 해"라고 꼼꼼하게 확인하고 지시해야 한다. 이와 같이 바지런하게 움직여 회사의 자산에 군살이 없도록 만들어야 한다는 것이 내가 말한 '세라믹 돌멩이론'의 참뜻이다.

누구나 처음에는 그렇게 생각해 불량자산을 없애려고 한다. 그러나 결산이 가까워지면 회사의 실적을 조금이라도 부풀리고자 하는 욕망에 서서히 잠식당한다. 그렇게 되면 팔리지 않은 제품이라도 되도록 자산으로 계상하고 싶다는 충동이 일어난다.

물론 의도적으로 분식결산을 하라는 이야기가 아니다. 그러나 회사나 자산을 객관적으로 평가하기 위해서는 이와 같은 유혹에 굴복해서는 안 된다. 경영자가 스스로를 통제하고 관리하는 확고한 경영 철학을 지녀야 한다.

고정비 증가를
경계하라

설비 투자는 감가상각비이므로 이것이 증가하면 자연히 고정비도 함께 늘어난다. 인건비 역시 고정비 중에서 커다란 부분을 차지하고 있어 정사원이 늘어나면 그만큼 고정비도 증가하게 된다.

근육질 경영을 하기 위해 중요한 것은 원자재 등 조업도에 연동하는 변동비를 내려야 하는 것은 물론, 가능한 한 고정비를 줄여 이익률을 높여야 한다. 즉, 다음에 제시된 그림과 같이 총비용을 최대한으로 줄여나가면 손익분기점이 내려가 결과적으로는 이익이 늘어나게 된다.

앞서 말한 고가의 독일제 프레스기계와 교세라가 자체 개발한 기계를 비교해 보면, 교세라의 기계는 독일제 프레스기계에 비해 생산단가가 몇십분의 일 가격이었기 때문에 고정비가 매우 적었다. 그리고 당시 일본의 인건비 수준도 독일보다 낮았으므로 기계의 설비 생산성이 비록 50퍼센트였다고 해도 충분히 대응할 수 있었다. 엔지니어는 물론이고 경영자 역시 우수한 최신 설비를 구입하지 않으면 시장 경쟁에서 불리하다고 생각하기 쉽다. 하

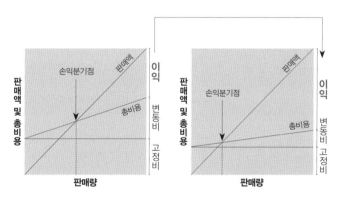

고정비·변동비 삭감과 이익의 관계

지만 오히려 과도한 설비 투자는 고정비를 크게 높여 경영 체질을 약하게 만든다.

이처럼 경영자는 설비 투자나 인건비 등 회사 경영에서 발생하는 고정비를 예의주시하고, 고정비가 증가하는 것을 항상 경계해야 한다. 때때로 경영자가 적극적이고 긍정적인 사고방식으로 사업을 진행해 나가다 보면 고정비가 믿을 수 없을 만큼 증가해 어떻게 손쓸 방법이 없게 되는 경우가 발생한다. 적극적으로 사업을 펼친 결과가 오히려 경영 체질을 약하게 만들어버리고 만 셈이다.

항상 고정비를 줄여야 한다고 의식하지 않으면 고정비는 눈 깜짝할 사이에 증가해 버린다.

그리고 경영자는 '왜 고정비 증가를 경계해야 하는지' 그 의도를 경영 현장에 충분히 전달해야 한다. 그러지 않으면 사업을 확장하고 싶은 직원들의 의지와 생산성 향상에 대한 의욕을 저하시킬 수 있다. 고정비를 줄이고 근육질 경영 체질을 실현하는 것이 회사를 보다 강하게 만들며, 이것은 새로운 사업 영역에 도전하기 위해 필수적으로 노력해야 하는 부분이라는 사실을 모든 직원들에게 이해시켜야 한다.

땀 흘려 번
이익이 소중하다

나에게 '투자'란 스스로 땀 흘려 일한 대가로 이익을 얻기 위해 필요한 자금을 사용하는 수단이지, 고생하지 않고 거저 이익을 얻으려는 수단이 아니다. 그래서 나의 회계 원칙에는 투기적인 이익을 노리기 위한 발상이 눈곱만큼도 없다. 잉여자금 운용에서는 '원금보장' 운영이 대원칙이고, 그 안에 투기를 목적으로 한 리스크 관리는 전혀 포함되어 있지 않다.

처음 '재테크'라는 말이 크게 유행했을 때 기업에서도 경리·재무 부문에서 재테크의 일환으로 일시적인 운용 이익을 노리다가 결국에는 회사의 근간을 흔들 정도로 막대한 피해를 입은 사례가 수없이 발생했다. 이는 스스로 땀 흘려 번 돈이 소중하다는 원리 원칙을 경영자가 무시한 결과이다.

1973년 10월에 시작된 제1차 석유파동으로 인해 일본 경제가 한창 혼란에 빠졌을 때 어느 지방은행 지점장이 나를 찾아왔다.

"사장님, 약 2년 전부터 부동산 가격이 오르고 있습니다. 모두가 부동산 투자로 재미를 보고 있습니다. 교세라의 이익을 저희 은행에 예치해 주셔서 대단히 감사합니다만, 요새 사람들은 돈을 빌려서라도 부동산을 매입하고 있습니다. 지금은 가지고 있던 자금을 담보로 해서까지 은행에서 돈을 빌려 토지를 매입하는 시대입니다. 사장님 회사라면 저희 은행에서 얼마든지 원하는 만큼 돈을 빌려드릴 수 있습니다. 확실하게 값이 올라갈 부동산도 많이 있으니 꼭 소개해 드리고 싶습니다."

그 말을 들은 나는 '돈은 자신이 땀 흘려 벌어야 한다고 생각한다'는 뜻을 전하고 그 지점장을 돌려보냈다.

그러고 나서 6개월이 지난 뒤 급격한 경기 불황으로 유수의 기업들이 줄지어 경영 파산을 맞았다. 그때 작은 회사였던 교세라에 몇몇 잡지사의 기자들이 찾아와 이렇게 물었다.

"지금 벌어지고 있는 기업 도산 사태를 어떻게 생각하

십니까? 대다수의 기업이 값이 떨어진 부동산 때문에 무척 곤란해 하고 있습니다. 하지만 교세라는 부동산 투자를 전혀 하지 않았다고 들었습니다. 그러한 선견지명은 어디에서 비롯된 것입니까?"

나는 솔직하게 대답했다.

"나는 여러분이 말하는 그런 선견지명을 갖고 있지 않습니다. 단지 정당한 방법으로 얻지 않은 이익을 싫어하여, 부동산 투자로 돈 버는 일이 싫었던 것뿐입니다."

그 후 1990년대 초까지 몇 번이고 경기 거품이 발생하고 또 붕괴되었다. 한번 쓰라린 화상을 입었으면서, 왜 지나가버리면 그 아픔을 잊고 똑같은 실수를 반복하는 걸까? 주식이나 부동산이 언제까지나 오를 것이라고 생각하지 않으면서, 왜 자신은 손해를 보지 않을 것이라고 굳게 믿을까? 물론 세상의 움직임에 속지 않고 그에 반하는 자신의 의사를 관철시키는 일은 어렵다. 그러나 수많은 사원을 책임지는 경영자는 타인을 무작정 흉내 내어서는 안 된다. 어디까지나 자기 안에 있는 원리 원칙과 행동 규범에 따라 판단해야 한다. 시세에 부화뇌동하여 되는 대로 경영을 해서는 안 된다.

투기는 '제로섬게임'이라고 한다. 기본적으로 다른 사람의 희생을 통해 누군가가 이익을 얻기 때문이다. 그러니 만일 투기로 이익을 얻었다면 이는 세상에 새로운 가치를 창출한 보답이 아니다. 진정한 경제적 가치, 즉 인간과 사회에 도움이 되는 가치는 투기적 활동에 의해 증가하지 않는다.

기업의 사명은 자유롭고 창의력이 뛰어난 활동으로 새로운 가치를 창출하면서 인류 사회의 진보와 발전에 공헌하는 것이다. 이러한 활동의 성과로 얻어지는 '땀 흘려 얻는 이익'이야말로 기업이 추구해야 할 진정한 이익이라고 생각한다.

투기적 이익 추구가 사행심을 불러일으키는 게임과 비슷해서 그런지 몰라도, 많은 사람이 불행하게도 투기의 유혹에 빠져들곤 한다. 아무런 창조적 활동도 아닌 투기가 눈 깜짝할 사이에 사람을 미치게 만드는 마력을 지니고 있는 것이다. 그러니 그 마력을 이기지 못하고 전 사원을 불행에 빠뜨리는 일이 없도록, 경영자는 어디까지나 자신의 원리 원칙을 견지해야 하고, 무엇이 회사의 사명이고 옳은 일인지를 되새기면서 행동할 필요가 있다.

당장 필요한 것만 사라,
한 되 구매론

보통 당해 연도의 사업 계획을 세울 때 '전체 매출에서 전기 매출의 몇 퍼센트를 늘리자. 그러기 위해서는 당연히 사람의 힘이 필요하니까 인원은 이만큼 늘리자. 이 정도의 매출을 올리기 위해 새로운 지점도 만들자. 그러자면 영업 비용도 더 필요할 테니까…'라며 필요한 경비 항목을 전부 열거해 예산을 만든다.

그러나 나는 이와 같은 예산 제도를 실시하지 않는다. 인원 증가나 지점 증설과 같은 경비 처리는 계획대로 척척 진행되지만, 매출은 계획대로 늘어나지 않는 일이 허다하기 때문이다. 직원에게 "왜 예산은 계획대로 지출하면서 매출은 늘어나지 않는가?"라고 물어보면 "열심히 하고 있는데 지금은 시장 불황으로 좀처럼 성과가 나지 않습니다"라는 대답만 돌아올 게 뻔하다. 혹은 "현재 상황을 타개하기 위해 과감히 인원을 늘려야 할 필요가 있습니다"라며 경비를 더 늘려달라고 요구할 것이 분명하다. 이전에 계획한 매출을 달성하기 위해 경비를 사용하고 있으니 매출도 경비와 함께 늘어나야 함이 정상인데, 실제로는 그렇게 되지 않고 비용만 늘어나는 것이다.

결국 사용하는 예산만 엄수되고 매출은 기대한 만큼 늘지 않는다. 그것이 일반적인 예산 제도의 실태가 아닐 까? 그렇기에 나는 '예산 제도는 필요 없다. 필요한 돈은 그때마다 결제를 올려라. 그러면 그때 결제하겠다'는 입 장을 고수하고 있다.

교세라에서는 원자재 등을 구매할 때 매월 필요한 것 을 매월 필요한 만큼만 구매하고 있다. 경우에 따라서는 매월이 아니라 매일 구매할 때도 있다. 나는 이것을 '한 되 구매'라고 이름 붙이고 자재 구매의 원칙으로 삼고 있 다. 가령 "한 말을 사면 더 싸게 구입할 수 있습니다"라고 해도 지금 당장 한 되만 필요하다면 조금 비싸더라도 딱 한 되만 사게 한다.

이러한 사고방식은 어릴 때의 경험으로부터 비롯되었 다. 내가 소학교에 다니던 시절에 우리 집은 인쇄와 종이 봉투 제조업을 했다. 집에서 조금 떨어진 곳에 공장이 있 었고, 열대여섯 명 정도의 직원과 부모님이 함께 일했다.

어머니는 밝고 쾌활했고, 아버지는 우직하고 성실했으며 오로지 일밖에 모르는 사람이었다. 아버지는 우리가 살던 곳에서 약 15~20킬로미터 떨어진 시골 출신이었는데, 그곳에서 농사를 하는 친척들이 고구마나 감자와 같은 채소를 실은 커다란 짐수레를 우리 집 근처에까지 끌고 와서 장사를 하곤 했다. 장사를 마친 저녁이 되면 팔다 남은 것을 시골까지 가져갈 수 없으니 반드시 지인의 집에 들렀다. 우리 집에도 "지나가는 길에 들렀습니다"라며 자주 찾아왔다. 친척은 어머니에게 "팔다 남았는데 싸게 드릴게요. 가지고 가기에도 힘드니까요"라고 이야기했다. 그러면 어머니는 측은한 마음이 생겨서, 또 남편의 먼 친척뻘 되는 사람인지라 거절하지 못하고 "세상에, 이렇게나 싼데…" 하며 남은 것을 전부 사곤 했다.

당시 어린 내가 보기에도 어머니는 사람이 참 좋았다. 그런데 그날 저녁밥을 먹을 때, 평소에는 말이 없고 성실한 아버지가 부엌에 잔뜩 쌓인 채소를 보며 "또 쓸데없이 낭비를 했군!"이라며 화를 냈다. 어머니도 지지 않고 "당신의 먼 친척인 아무개의 부인이 일부러 찾아왔어요. 동네 채소가게와는 비교도 안 될 만큼 싸게 샀으니 당신이 내게 화낼 이유는 없어요!"라며 맞섰다. 나는 말없이 밥을 먹으며 아버지가 화를 참는 모습을 곁눈질로 지켜보았고, 그 당시에는 어머니의 말이 백번 옳다고 생각했다.

그러던 어느 여름날 학교에서 돌아오니 어머니가 정원을 파고 있었다. 예전에 친척이 싸게 팔고 간 고구마를 땅에 묻어두었다가 파내고 있었는데, 얼핏 보니 꽤 많이 상해 있었다. 어머니는 집안일을 도와주는 사람까지 불러서 커다란 삽으로 땅을 파내더니 "어머나, 이렇게 많이 상했어"라고 말하며 상한 부분을 부엌칼로 깎아냈다. 그러자 커다란 고구마가 점점 작아졌다.

어머니는 작아진 고구마를 커다란 솥에 넣고 삶은 다음, 대나무로 만든 소쿠리에 가득 담더니 내게 친구들을 불러오라고 했다. 나는 골목대장이었기 때문에 근처 친구들을 모두 불러와 다함께 배가 터지도록 고구마를 먹었다. 친구들과 함께 배불리 먹는 모습을 보고 어머니는 참 기뻐하셨다.

그런데 나는 그때 처음으로 '아하! 아버지가 화낸 이유를 알겠어. 어머니가 계속 이런 식으로 채소를 산다면 살

림이 거덜 날지도 몰라'라고 생각했다. 아버지는 하루 종일 공장에서 일하느라 어머니가 어떻게 살림을 하는지 잘 몰랐다. 하지만 아버지는 어머니가 결국 썩혀 버릴 물건에 돈을 썼음을 직감적으로 알았고, 그래서 화를 낸 것이었다.

한꺼번에 많이 사면 싸게 샀다고 생각될지 모르지만 사실은 그렇지 않다. 인간이란 재미있는 동물이라서 "다섯 되 사면 더 싸게 드립니다"라는 말을 들으면 아무 생각 없이 사서 여기저기에 함부로 사용하게 된다. 그러나 반대로 딱 지금 사용할 것만 구매하면 그것을 매우 소중하게 사용한다. 그러므로 지금 한 되가 필요하다면 딱 한 되만 사는 게 맞다.

어린 시절의 경험을 통해 '한 되 구매'의 중요성을 배운 나는 교세라 창업 후에도 경리부장에게 '한 되 구매론'을 주장했다. 그러나 경리부장은 "그런 것은 경영학에서 보아도, 회계학적 사고방식으로 보아도 상식에 역행합니다. 전 세계 어느 경영학과 회계학 서적에서도 싼 물건을 사라고 하지 비싼 물건을 사라고 하지 않습니다"라며 고집을 부렸다.

나는 "그런 상식은 상관없습니다. 그냥 지금 필요한 것만 사세요"라고 대답했다.

경리부장은 크게 반발했지만 마지못해 시키는 대로 했다. 그러다가 나중이 되어서야 결국 내 의도를 알아차렸다고 말했다. 그는 내게 "사장님의 부모님 이야기를 우스갯소리로만 들었는데, 소박한 이야기 속에 감춰진 진리가 중요하다는 것을 알았습니다"라고 말했다.

사용할 만큼만 구매하니까 비싸게 산 것처럼 느껴지지만, 오히려 사원들은 그 물건을 소중하게 사용하게 된다. 여분이 없으므로 창고도 필요 없다. 창고가 필요 없으니까 재고 관리도 필요 없고 재고 비용도 들지 않는다. 이들 비용을 통산해 보면 그쪽이 훨씬 더 경제적이다. 세라믹과 같이 부패하지 않는 제품은 그렇다 치고, 부패하는 물건을 취급하는 경우에는 어느새 사용할 수 없게 될지도 모른다. 경리부장이 이 사실을 깨우친 것이다. 나는 이를 어머니의 일화로 소개했지만, 이와 비슷한 일은 어느 회사나 가정에서도 자주 일어날 것이다.

결과적으로 나의 '한 되 구매' 원칙은 현재까지도 경영의 철칙으로 계승되고 있다.

오직 100퍼센트만을
고집하라

이번 장에서 이야기할 완벽주의란 애매함이나 타협을 용납하지 않고, 모든 일을 세세한 부분까지 완벽하게 이루어내고자 하는 의지를 말한다. 그리고 이는 경영자가 가져야 할 기본적인 태도다.

리더는 언제나 완벽한 판단을 요구받는다. 예를 들어 험준한 산맥을 오르는 등반에서는 리더가 조금만 판단을 잘못하면 팀 전원이 죽음과 직면하게 된다. 경영도 마찬가지다. 경영자의 판단 하나하나가 회사의 운명을 좌우한다. 경영자는 사원과 그 가족, 고객, 주주, 협력 회사 등에 대해 중대한 책임을 지고 있다.

그 중대한 책무를 다하기 위해 경영자는 회사 전체의 거시적인 일은 물론이고 부하 직원이 처리하는 미시적인 업무까지 충분히 숙지하고 있어야 한다. 그러지 못하면 완벽한 경영이 불가능하다. 부하 직원이 사정이 생겨 회사를 쉬어야 할 때 직원의 업무를 대신 처리하는 것도 못한다면 그 사람이 진정한 리더의 자격을 갖추고 있다고 말할 수 있겠는가?

보통 창업자인 경영자는 현장의 자질구레한 사항부터 회사 전체에 이르기까지 모든 것을 속속들이 잘 알고 있다. 그러나 창업자의 뒤를 이은 2대 사장이나 전무와 같은 후계자들은 현장을 잘 모르는 경우가 많다. 아버지에게서 또는 조부에게서 리더로서 전체 조직을 이끌어가는 거시적인 제왕학은 배웠을지 몰라도 미시적인 현장의 일은 알지 못하는 것이다.

그 때문에 이런 사람들은 진정한 의미의 경영자로서 회사를 움직이지 못한다. 기업의 경영자가 정말로 자기 의지대로 경영을 하고자 한다면 빈번하게 현장을 찾아

분위기와 현장 상황을 파악해야만 한다. 현장에서부터 시작하지 않으면 아무리 제왕학을 많이 알고 있다고 해도 소용이 없다. 거시적인 측면뿐만 아니라 미시적인 부분까지 고루 알지 못하면 경영자는 회사를 자유자재로 경영하지 못한다.

반드시 100퍼센트
달성이어야 한다

내가 전공한 화학의 세계에서는 수많은 약품을 배합하여 새로운 화학 물질을 만든다.

그때 약품 배합을 조금만 잘못하면 오랜 시간을 들인 실험이 전부 헛수고가 되고 만다. 만약 1년 동안 연구했다면 그 1년 동안 투입한 재료비, 가공비, 전기세는 물론이고 연구원들의 노력까지도 순식간에 물거품이 되는 것이다.

현대의 제조업에서는 '불량률 제로'가 당연하다고 할 만큼 품질에 대한 요구가 까다롭다. 이는 모든 프로세스가 완벽하게 운용되지 않는 한 실현할 수 없는 품질 레벨이다. 이처럼 연구 개발이나 제조 분야에서는 사소한 실수조차 용납되지 않으며 언제나 100퍼센트 완벽함만이 요구된다.

반면 경리 등의 사무직에서는 실수를 하거나 잘못을 저질러도 "죄송합니다. 시정하겠습니다"라는 말 한마디로 모든 게 무마된다. 기말결산보고서를 살펴보던 중 숫자 표기에 오류가 있다는 사실이 드러났다. 나는 경리부장에게 "여기 이 숫자가 맞지 않는데?"라고 물었다. 그러자 그는 "죄송합니다"라고 대답하더니 지우개를 가져와 지우려고 했다. 그때 나는 경리부장에게 "사무직은 이래서 문제다"라고 말하며 크게 화를 냈다. 이처럼 실수를 저질러도 지우개로 지우듯이 간단하게 고칠 수 있다고 생각하면 100퍼센트 완벽을 이루어 내기가 어렵다.

인간인 이상 약간의 실수는 어쩔 수 없다고 여기는 사람도 있을 것이다. 그러나 경영의 세계에서는 지우개로 지울 수 없는 것이 훨씬 많다. 투자 계획이나 채산 관리에 관련된 숫자에 조금이라도 잘못된 부분이 있으면 결국 경영 판단을 그르치게 하는 원흉이 된다. 그러므로 제대로 된 경영을 하고자 한다면 연구 개발 및 제조 부문뿐만 아니라 사무 부문의 실수도 절대 용납해서는 안 된다.

완벽주의를 이루기는 어렵다. 하지만 그 완벽주의를 지키려는 자세가 있으면 웬만해서는 실수가 발생하지 않는다.

물론 실수가 완전히 없어지기란 힘들다. 그렇다고 해서 1퍼센트의 실수를 용납할 수는 없다. 99퍼센트 정확하다는 건 90퍼센트 정확하다는 말과 다르지 않다. 아니, 80퍼센트나 70퍼센트와도 다르지 않다. 결국 회사 경영은 점점 부실해지고 사내 규율도 갈팡질팡해질 것이다.

100퍼센트는 100퍼센트다. 나는 매출이나 이익 계획을 세울 때에도 "100퍼센트 달성은 하지 못했지만 95퍼센트는 달성했으니 이번에는 넘어가주십시오"라는 사고방식을 절대 용납하지 않는다. 제조 및 영업의 경영 목표 대비 실적을 평가할 때나 개발 스케줄 및 관리를 얼마나 정확히 실행했는지 확인할 때에도 늘 100퍼센트 완벽함을 요구한다.

모든 자료에서
완벽함을 추구하라

나는 자주 경리 담당자에게 월차결산 자료의 불명확한 부분에 대해 설명을 요구했다. 그때의 일을 당시의 경리부장은 이렇게 술회했다.

"자료를 충분히 검토하지 않고 사장님에게 제출했을 때에는 반드시 엄중한 지적을 받았다. 사장님의 질문은 당황스러웠다. 혹독한 추궁에 시달린 이후 이번에는 만전을 기했다. 사전에 다양한 각도에서 검토한 다음 자료를 제출했더니 간단한 설명만 요구해서 오히려 맥이 빠지는 일이 많았다."

어찌된 일인지 나는 진지하게 자료를 보고 있으면 이상한 숫자나 숫자 간의 모순이 가장 먼저 눈에 들어온다. 정신을 집중해서 보고 있으면, 훑어보기만 해도 문제가 있는 숫자들이 마치 내게 도움을 청하듯 눈에 들어오는 것이다. 반대로 사전에 숫자가 충분히 검토된 자료는 아무리 면밀히 보아도 숫자들이 마음에 거슬리지 않는다.

그래서일까? 부하 직원을 닦달해 급하게 작성한 자료

를 내용도 제대로 체크하지 않은 채 벌벌 떨면서 가져온 직원들은 자료를 내 눈앞에 내미는 순간 질책을 받았다. 반면 구석구석까지 직접 세심하게 확인하고 문제점을 보완한 후 가지고 오면 별다른 질문도 없이 '오케이' 사인을 받을 수 있었다.

경영에서 책임을 지고 있는 입장의 사람들이 스스로 완벽주의를 고수하고 있으면 숫자의 균형이 맞지 않는 부분을 예리하게 잡아낼 수 있다. 또한 그렇게 함으로써 자료를 만드는 쪽도 자연스럽게 완벽주의를 몸에 익히게 된다. 회사 전체에 완벽주의가 배어들게 하려면 완벽주의가 습성이 될 때까지 숫자를 만드는 쪽과 체크하는 쪽 모두 만전의 노력을 기울여야 한다.

이중 체크의 원칙

이중 체크로
회사와 사원을 지켜라

마지막으로 이야기할 '이중 체크'란 회계 담당자뿐만 아니라 회사 내의 각종 업무에서 사람과 조직의 건전성을 지키는 '보호의 메커니즘'이다.

공명정대하고 투명한 업무 처리는 그 일에 종사하는 사람을 불의의 사태로부터 지키는 동시에 업무 자체의 신뢰성과 회사 조직의 건전성을 지킨다. 그 때문에 어떤 사정이 있다고 하더라도 이중 체크를 결코 소홀히 해서는 안 된다.

나의 경영 철학은 '사람의 마음을 바탕으로 경영한다'는 정신에 뿌리를 내리고 있다.

교세라를 막 창업했을 때, 나는 경영자라는 책임의 무게 탓에 한동안 잠을 이루지 못했다. 경영에 대해 아무것도 몰랐던 나는 '대체 무얼 믿고 경영을 해야 하는가? 믿을 만한 건 대체 무엇인가?'라는 질문을 수도 없이 진지하게 되풀이했다. 그렇게 고민을 거듭한 끝에 '사람의 마음'을 가장 소중히 해야 한다는 결론에 도달했다. 변하기 쉽고 불확실한 것이 사람의 마음이라면, 더없이 강하게 신뢰할 수 있는 것 역시 사람의 마음일 것이다. 실제로 교세라 자체가 나를 진심으로 믿고 아낌없이 지원하며 서로 간에 신뢰를 나눈 동료들에 의해 탄생한 회사이기도 하다.

이렇듯 사람의 마음은 매우 커다란 힘을 가지고 있으면서도, 사소한 계기로 잘못을 범하는 나약한 면모도 가지고 있다. 그러므로 사람의 마음을 바탕으로 경영할 생각이라면 사람의 마음이 지닌 나약함으로부터 직원들을 지키려는 굳은 의지도 필요하다. 이것이 바로 내가 이중 체크 시스템을 고안하게 된 동기다.

이중 체크 시스템은 결코 인간을 불신한다거나 성악설을 바탕으로 하여 만들어진 것이 아니다. 오히려 인간에 대한 애정과 사람이 잘못을 저지르게 만들어서는 안 된다는 신념을 바탕으로 하고 있다.

아무리 성실한 사람이라도 순간적으로 나쁜 마음을 먹을 때가 있다. 적은 금액의 돈을 잠깐 빌리고 나서 나중에 갚으면 된다고 생각하다가 점점 빚이 불어나 커다란 죄를 짊어지기도 한다.

이것은 관리가 소홀했던 탓에 발생한 죄이다. 견물생심이라고 하지만, 그런 불상사가 발생하지 않도록 시스템이 갖추어져 있다면 한 인간을 죄의 길로 몰아넣지 않을 수 있다. 그러한 보호 시스템은 엄중하면 엄중할수록 실질적으로 사람에게 도움이 된다.

이처럼 직원들을 죄인으로 만들지 않으려면 원자재 수취와 제품 발송, 외상 매출금 회수에 이르기까지 모든 시스템에 일관성이 있어야 한다. 각 관리자의 편의주의 때문에 시스템의 일관성이 훼손된다면 잘못 내린 사소한 판단이 커다란 문제로 발전하고 만다. 더욱이 경영자가 회계 및 자재 관리 시스템을 운용하면서 경우에 따라 앞뒤가 맞지 않는 판단을 내리면, 이는 자신의 경영 일관성을 부정하는 동시에 나아가 관리 시스템 전체를 붕괴시키게 된다. 최근 각 분야에서 벌어지는 불상사를 보면 경영자가 자기 본위적이고 안일하게 내린 판단이 회사 전체를 뒤흔든 커다란 문제로 발전한 경우가 많다. 그러므로 경영자는 먼저 자기 자신을 철저하게 관리해야 한다.

이중 체크의 원칙을 두고 문제를 발견하거나 방지하기 위한 일종의 테크닉이라고 생각하는 사람이 있을지도 모르겠다. 그러나 이러한 엄격한 시스템이 필요한 진짜 목적은 '사람을 소중히 하는 직장을 만들기 위해서'이다.

여러 사람과 부서가 서로를 체크하고 확인하면서 일을 진행하는 엄격한 시스템이 존재하면 직원들이 죄를 짓는 것을 미연에 방지하는 한편 긴장감 있고 활력 넘치는 직장 분위기를 조성할 수 있다. 이런 시스템이 올바른 방향으로 충분히 기능할 수 있어야 비로소 한 차원 높은 사랑과 이타심에 근거한 경영을 할 수 있다.

이중 체크 시스템의
구체적인 방법

앞서 이야기한 바와 같이 이중 체크의 핵심은 '체크 시스템 구축'이다. 그래서 나는 창업 이래 구체적인 관리 방법을 하나씩 확립해 왔다. 다소 상세하긴 하지만 구체적인 예를 들어가며 이중 체크 시스템을 설명해 보고자 한다.

입출금 관리

입출금 관리에서는 돈을 꺼내고 넣는 사람과, 입출금 전표를 만드는 사람을 반드시 따로 두는 게 원칙이다.

작은 회사의 경우 사장이 직접 출금전표도 떼고 직접 금고에서 현금을 꺼내기도 한다. 이러면 악의가 없다고 해도 얼마든지 전표를 조작할 수 있는 데다가 엄밀한 관리가 이루어지지 못한다. 이런 불상사를 방지하기 위해서는 전표를 만드는 사람과 돈을 다루는 사람을 반드시 따로 둘 필요가 있다.

은행에 예금을 할 때, 자재 대금을 지불할 때, 임금을 지불할 때, 그리고 기타 경비를 지불할 때에도 돈을 지불하는 직원과 전표를 만드는 직원은 반드시 구분해 두어야 한다.

지불이 필요한 직원은 반드시 기재 내용을 정확하게 기입하고, 필요한 증거 서류와 함께 전표를 만들어 지불 담당자에게 지불을 의뢰해야 한다. 지불 담당자는 전표가 올바르게 발행되었는지를 체크하고 지불해야 하지만, 지불 금액은 어디까지나 전표에 근거해야 하며 개인의 의지나 판단에 따라서는 안 된다.

입금도 마찬가지다. 돈이 들어왔다고 해서 돈을 다루는 담당자가 입금전표를 작성해서는 곤란하다. 입금과 관련된 담당자 및 담당 부서에 연락하여 입금 내용을 명확하게 표기한 전표를 받아 처리함이 마땅하다.

이렇듯 전표를 만드는 사람과 돈을 다루는 사람은 반드시 따로 있어야 한다.

현금 관리

소액 현금을 관리할 때에는 매일 마감 시 현금 잔고가 전표의 잔고와 반드시 일치해야 한다. 그리고 이것은 현금 입출금 때마다 장부의 잔고와 통장의 잔고가 일치한 결과여야 한다.

즉, 마감 때가 되었을 때 숫자를 맞추는 것이 아니라 모든 시점에서 현금과 전표의 움직임이 일치해야 한다는 뜻이다. 그러려면 업무 시간 중에 적절한 빈도로 현금 담당자 외의 누군가가 현금 잔고와 전표를 체크해야 한다. 현금이 움직이고 있는 상태에서 담당자 이외의 사람이 명확하게 체크하면 만에 하나 문제가 발생하더라도 그 원인을 빠르게 찾아낼 수 있고, 담당자를 보호할 수도 있다.

회사 인감 관리

회사를 창업하고 나서는 연구, 제조, 그리고 영업 업무에 쫓기느라 책상 앞에 가만히 앉아 있을 시간이 없었다. 그 때문에 회사 대표 인감과 은행 인감을 하는 수 없이 직원에게 맡겨놓아야 했다.

그때부터 나는 인감을 누구에게 맡겨두어도 안심할 수 있도록 나름대로의 시스템을 고안했다. 먼저 소형 인감 상자에 인감을 넣고, 이 상자를 휴대용 금고에 보관하는 이중 잠금장치를 두었다. 그리고 안쪽 상자의 열쇠를 관리하는 날인자와 바깥 금고의 열쇠를 관리하는 자를 반드시 따로 두었으며, 서로 체크할 수 있도록 했다.

물론 안쪽의 상자는 인감을 사용할 때 외에는 언제나 금고에 보관되어 있어야 한다. 안쪽 상자만을 꺼내어 들고 다니는 건 금지다. 상자를 닫을 때에는 인감이 전부 제자리에 들어 있는지를 다른 사람에게 확인시킨 후에 자물쇠를 잠근다. 더불어 이중 인감 상자는 날인할 때 이외에는 안쪽 상자와 바깥 금고 모두 자물쇠가 잠겨 있어야 했다. 그런 후 바깥 금고를 다시 커다란 고정 금고 안에 보관했다. 이 고정 금고를 열고 닫는 일 역시 다른 사람이 담당하게 했다. 이처럼 이중 체크 시스템의 기본은 '혼자서 모든 일을 다 할 수 있게 만들어서는 안 된다'는 것이다.

금고 관리

만일 금고에 실린더 자물쇠와 다이얼이 둘 다 있을 경우에는 반드시 전부 사용한다. 그리고 인감 상자처럼 각각 다른 사람이 열도록 해야 한다.

금고는 업무 시간 중이어도 언제나 잠가놓는다. 아침과 저녁에 정기적으로 확인을 하되, 확인할 때는 반드시 다수의 입회자를 둔 상태에서 금고 안의 물건을 꺼내고 넣어야 한다.

모든 금고는 명확하게 정해진 물건만 보관해야 하며, 정해진 사람 이외의 누군가가 금고를 이용하는 행위는 엄격하게 금지해야 한다.

구입 수속

물건이나 서비스 구입에 대해서도 이중 체크 시스템이 반드시 필요하다. 구매 요구를 하는 사람은 반드시 구매 담당 부서에 구입 의뢰 전표를 보내고, 의뢰를 받은 구매 담당자가 외부 발주를 하는 시스템이어야 한다. 구매를 요구하는 부문이 거래처에 직접 전화해 구매를 요청하거나 가격이나 납기를 교섭하는 일은 금지해야 한다.

급히 서둘러야 하는 경우도 있을지 모른다. 하지만 회사의 정규 구매 시스템으로 구입하게 하는 것은 이중 체크에 의거한 관리 시스템을 무너뜨리지 않기 위해 필요한 일이다. 무엇보다도 거래처에 확실한 지불을 보증할 수 있다. 또한 구매에 관계된 업자와의 유착 문제를 미연에 방지할 수도 있다.

외상매출금과 외상매입금 관리

영업은 일반적인 영업 활동은 물론이거니와, 외상매출금의 입금까지 확실하게 책임지는 것이 원칙이다. 외상매출 잔고는 영업관리라는 별도의 관리 부문이 관리하여 잔고 명세서를 영업부에 보고하고 계약대로 입금을 촉구한다. 만일 연체가 있다면 원인과 대책을 명확하게 하여 영업관리와 영업부가 역할을 나누어 조속히 해결한다.

다만 수금은 영업관리가 직접 하지 않는다. 각 영업소의 영업관리가 영수증을 발행하면, 이를 들고 영업자가 고객에게 수금하러 간다. 입금된 어음 및 수표는 곧바로 본사 경리 담당자에게 보내 은행에서 현금화한다. 고객이 입금한 돈도 본사 경리부에서 집중 관리한다.

외상매출금에 대한 책임은 영업자에게 있지만, 외상매출금 잔고와 입금은 각 영업소의 영업관리와 본사 경리 담당자가 각각 관리한다. 외상매입금도 마찬가지다. 발주 부문 검수와 함께 외상매입금 계상 및 외상매입금 잔고 관리는 구매 부문이 하고, 외상매입금 지불은 본사 경리에서 집중 관리한다. 이처럼 외상매출금과 외상매입금 관리에도 이중으로 철저히 체크해야 한다.

작업 폐기물 처분

보통 상품 판매에 대한 관리는 엄격히 하면서 작업 폐기물 처리는 담당자 및 거래처의 재량에 맡기는 경우가 많다. 그 때문에 거래처의 부정확한 측량을 잡아내지 못하는 경우도 발생한다.

고작 폐기물 처리라고는 하나, 몇 개월 동안 폐기물이 쌓이면 상당한 금액의 비용이 발생할 수 있다. 그래서 수량을 확인할 때에는 반드시 이중 체크를 해야 한다. 이것도 외부 거래처와 접촉하는 담당자를 죄인으로 만들지 않기 위한 조치다.

자동판매기의 현금 회수

자동판매기의 판매 비용은 소액이라는 이유로 현금 회수에 그다지 주의를 기울이지 않는 회사가 많다. 그러나 한 번에 관리하는 돈을 적을지 모르지만 그것도 쌓이면 커다란 금액이 된다. 게다가 몇 년 동안이나 한 명의 담당자에게만 맡겨 두면 막대한 금액이 될 것이다. 이처럼 사소하게 보이는 일이라도 서로 체크할 수 있도록 반드시 두 사람이 금액을 확인해야 한다. 이중 체크의 원칙은 금액의 크고 작음에 관계없이 반드시 지켜져야 한다.

이제까지의 이야기는 얼핏 보기에 당연하고 또 오래전에나 해당하는 일인 듯 보인다. 그러나 그 당연한 것을 확실하게 지키기가 매우 어렵다. 그만큼 소중하고 신중히 여겨야 한다.

단, 이중 체크 시스템은 지시한다고 해서 자연스럽게 철저히 지켜지는 것이 아니다. 경영자 스스로가 정말로 지켜지고 있는지 직접 현장에 나가 정기적으로 확인하고 또 확인해야 이중 체크 시스템이 회사 내부에 자리 잡을 수 있다. 물론 그 밑바탕에는 직원들을 결코 죄인으로 만들지 않겠다는 경영자의 배려가 깔려 있어야 한다.

아메바 경영으로
채산성 향상을 유지하라

기업의 회계에서 이익이 나도록 원가를 계산하고 비용과 이윤을 정하는 일, 즉 채산을 유지하는 일은 경영의 가장 중대한 사명이다.

채산성을 향상시키기 위해서는 일차적으로 매출을 늘리는 것은 물론, 그와 동시에 제품 및 서비스의 부가가치도 높여야 한다. 부가가치를 높이는 일은 '적은 자원으로 시장 가치가 높은 상품을 만들어낸다'는 뜻이다. 그리고 그것은 사업 활동으로 직원들의 생활수준을 향상시키고 사회 발전에 공헌하기 위한 전제 조건이기도 하다.

일반적으로 '채산성 향상'은 경영을 관리하기 위한 '관리회계'의 역할이며, 기업의 업적과 재무 상태를 올바르게 외부에 보고하기 위한 '재무회계'와는 성격이 다르다. 그러나 관리회계와 재무회계 모두 경영자에게는 꼭 필요한 것이다. 경영자는 관리회계가 재무회계의 결산에 어떻게 관련되어 있는지를 정확하게 파악하고 있어야 한다.

교세라의 경영관리 근간에는 이 책에서 이야기하는 '회계 경영'과 소집단 독립 채산 제도에 의한 경영관리 시스템인 '아메바 경영'이 있다. 건축으로 비유하자면, 교세라는 경영 철학이라는 기반 위에 회계 경영과 아메바 경영이라는 두 개의 기둥이 지붕을 받치고 있는 집과 같다. 이 두 개의 기둥 가운데 하나만 빠져도 집을 지탱할 수 없는 것처럼, 회계 경영과 아메바 경영은 상호 보완 관계를 맺고 있다.

교세라가 급속하게 성장하면서 조직의 규모도 날로 커졌다. 그래서 나는 사업 전개에 맞춰 조직을 작게 분할하고 이 분할된 조직, 즉 아메바가 하나의 경영 주체가 되어 각자의 의지로 사업을 해나갈 수 있는 시스템을 구축했다. 이것이 바로 아메바 경영이다. 각 아메바는 각각 이익 단위로 운영되며, 마치 별개의 중소기업처럼 활발하게 활동한다. 임원의 승인이 필요한 때도 있지만 각 아메바의 리더에게는 경영 계획, 실적 관리, 노무 관리 등 전반적인 경영이 일임되어 있다.

한마디로 아메바 경영이란 사원 한 명 한 명이 자신의 아메바 목표를 충분히 파악하고, 각자의 입장에서 목표를 달성하기 위해 끊임없는 노력을 거듭하여, 그 속에서 자기실현을 이룩하는 '전원 참가 경영 시스템'이다.

여기서는 아메바 경영 중에서 회계학과 밀접하게 관련된 부분, 즉 채산성을 향상시키는 데 매우 중요한 역할을 맡고 있는 관리회계 시스템과 '시간당 채산 제도'에 대해 이야기하고자 한다.

시간당 채산 제도란
무엇인가?

경제적 발전은 인간이 창조하는 새로운 경제적 가치로 이루어진다. 이러한 '가치'를 보다 많이 만들어내려면 가능한 한 적은 노력으로 가능한 한 큰 결과를 창출해야 한다. 기업의 경영으로 말하자면 '최소비용'으로 '최대매출'을 올리는 것을 의미한다.

비용을 줄이기 위해서는 무엇보다도 근검절약이 필수다. 고객이 필요로 하는 제품과 서비스를 제공하기 위한 지출에 조금이라도 낭비가 있어서는 안 된다. 제품을 만들 때 사용하는 원료, 소모품, 연료 및 전력, 설비 기계와 각종 관리 비용뿐만 아니라 물류를 포함한 판매 비용에 이르기까지 모든 항목에서 최대한 절약해야 한다. 나는 평소 책상에 굴러다니는 연필 한 자루나 클립 하나라도 소중하게 여기라고 강조한다. 단순히 절약하라는 잔소리가 아니다. 낭비를 최대한 줄이고 늘 시간당 채산을 생각하라는 말이다. 이는 사회적으로 소중한 자원을 절약하는 일이기도 하다.

일반적으로 매출을 늘리려면 그에 비례해 경비도 늘려야 하기 마련이다. 하지만 나는 매출이라는 것은 온갖 지혜를 짜내어 늘리는 반면, 경비는 언제나 철저히 줄이는 것이 경영의 원칙이라고 생각해 왔다.

'시간당 채산'이란 이러한 경영 원칙을 실현하기 위해 매출에서 원재료비 등 모든 경비를 빼고 남은 '순매출'이라는 개념에서 시작된 것이다. 이 순매출은 일반적인 경제 용어인 '부가가치'와 비슷하다. 부가가치를 창출하고 그것을 높여야 궁극적으로 기업이 발전한다.

나는 이 부가가치를 최대한 알기 쉽게 표현하기 위해 '단위시간', 즉 잔업시간을 포함한 직원들의 노동시간을 기준으로 삼았다. 이 단위시간에 창출되는 부가가치를 '시간당 채산'이라고 부른다. 이 개념이 부가가치 생산성을 높이기 위한 지표로 활용된다. 그리고 관리부문에게 '시간당 채산표'를 매일 작성하게 하여 현장에서 작업하고 있는 직원들도 채산을 간단하게 이해하고 채산에 대한 인식을 높일 수 있도록 했다.

채산에 대한 인식이란 곧 원가에 대한 인식을 뜻한다.

보통 채산을 맞춘다고 하면 이익을 남긴다고 이해하지만, 정확히 말하면 이는 원가에 대해 생각한다는 것이며 곧 순매출을 높이는 일로 연결된다.

다음 표는 시간당 채산의 계산 방법을 알기 쉽게 보여준다. 표는 왼쪽에서부터 항목, 계산식, 금액 순으로 표시되어 있다. 항목은 먼저 아메바의 수익을 나타내는 생산액 숫자에서부터 시작한다.

'총출하'는 아메바가 고객에게 직접 내보낸 제품의 금액인 '사외 출하'에 사내의 다른 아메바에게 제공한 물건 및 서비스의 금액인 '사내 판매'를 더한 것이다. 이 '총출하'에서 다른 아메바로부터 구입한 '사내 구입'을 뺀 '총생산'이 그 아메바의 수익을 나타낸다. 바로 이것이 아메바 경영의 중요한 지표로 활용된다.

일반 관리회계 시스템에서는 내부의 한 부문이 사내의 다른 부문으로부터 가져온 제품 및 서비스는 '비용'으로 취급되며, 가격은 원가 또는 사내 가격에 따라 계상된다. 그러나 교세라의 시간당 채산 제도에서는 그렇지 않다. 사내의 각 아메바 사이에 이루어지는 물건 및 서비스

제조 부문 아메바 시간당 채산표(예)

항목		계산식	금액
총출하	(천 엔)	A(＝B+C)	60,000
• 사외 출하	(천 엔)	B	35,000
• 사내 판매	(천 엔)	C	25,000
• 사내 구매	(천 엔)	D	10,000
총생산	(천 엔)	E(＝A－D)	50,000
공제액	(천 엔)	F	30,000
• (내역) 원재료비	(천 엔)		10,000
외주 가공비	(천 엔)		5,000
⋮	(천 엔)		⋮
⋮	(천 엔)		⋮
⋮	(천 엔)		⋮
⋮	(천 엔)		⋮
순매출(부가가치)	(천 엔)	G(＝E－F)	20,000
총시간	(시간)	H	4,000
시간당	(엔/H)	I(＝G/H)	5,000

거래도 어디까지나 회사 밖 거래처와의 거래와 동등하게 취급되므로, 그 거래 가격은 쌍방이 협의하여 납득한 '시장 가격'이어야 한다. 즉, 파는 아메바와 사는 아메바 사이에서 시장 거래처럼 가격 교섭이 이루어지며, 원칙적으로는 어느 아메바에서 구입할지에 대해서도 선택의 자유를 가진다.

이러한 사내 매매가 파는 쪽 아메바에게는 '사내 판매'에 플러스가 되고, 사는 쪽 아메바에게는 '사내 구입'으로 마이너스가 된다. 따라서 각 아메바의 '총생산'을 모두 합한 값은 회사 전체가 고객에게 출하하는 가치의 합이 된다.

이 덕분에 한 아메바의 '총생산'이 전체 회사의 부가가치에 얼마나 공헌했는지도 바로 알 수 있다. 사내를 대상으로 한 생산밖에 하지 않는 아메바에서도 자신들의 '총생산'이 회사 전체의 생산액에 공헌하고 있다는 것을 명확히 인식할 수 있으므로, 그러한 아메바에 소속된 직원들 역시 회사에 기여한다는 일체감을 느낄 수 있다.

이처럼 시간당 채산은 아메바가 독립된 하나의 경영 책임 단위임은 물론, 어떠한 아메바도 결코 단독으로 경영될 수 없으며 다른 아메바와 연계되었을 때에야 비로소 경영이 가능하다는 점을 보여준다. 모두가 커다란 전제 속에서 공존공영하고 있다는 사고방식이 존재하게 되는 것이다.

아메바 경영의 목적이 아메바끼리 서로 치열하게 경쟁하며 한정된 파이를 갖고 싸우는 것에 있다고 오해하기 쉽다. 하지만 이는 사실이 아니다. 아메바 경영의 진짜 목적은 아메바들이 서로 도우면서 절차탁마切磋琢磨하는 가운데 결과적으로 함께 발전해가는 것, 그리고 아메바 사이의 거래도 시장 논리로 이루어짐으로써 사내 거래에 '살아 있는 시장'과 같은 활력을 불어넣는 것이다.

부가가치를 추구하는
아메바 경영

대기업에서는 '표준원가 계산'이 관리회계의 상식이다. 일반적으로 과거의 데이터를 바탕으로 표준원가를 계산한 다음 실제 원가와 비교하여 관리한다. 그리고 제조 부문은 이 표준원가를 달성하기 위해 노력한다.

그러나 표준원가의 목표는 각 부문이 보다 높은 목표에 도전하기 위해 스스로 부여하는 것이 아니다. 으레 원가관리 부문이나 상부의 관리 부문이 과거의 실적보다 조금 높게 설정하는 데 그친다.

한편 독립된 경영 조직인 아메바가 스스로 설정하는 주요 목표는 그 아메바의 부가가치이지 원가가 아니다. 즉, 아메바 경영에서는 주어진 표준원가보다 실제 원가를 조금이라도 더 낮추는 원가관리만을 실행하지 않고, 더 나아가 하나의 경영 주체로서 수주를 최대한 많이 하고 그 수주에 따른 생산을 최소의 설비로 실현할 수 있도록 계획하고 실행한다. 최소경비로 최대가치를 창출하여 결과적으로는 부가가치를 최대로 만드는 것이다. 이 활동을 통해 아메바는 언제나 도전을 계속하는 창조적인 집단으로 거듭나게 된다.

아메바 경영에서의 주역은 '최소의 경비로 최대의 매출을 올리도록 지혜를 짜내는 사람'이며, 초점은 언제나 그 아메바가 전체적으로 만들어내는 부가가치에 맞추어진다. 반면 표준원가 계산에 의한 원가관리 시스템에서의 주역은 제품이라는 '물건'이고, 초점은 각 제품의 '공정별 원가'에 맞추어져 있다.

아메바 경영에서 원가계산에 의한 원가관리를 하지 않는 또 다른 이유는 '완벽하지 않은 제품은 시장 가치가 없다'고 생각하기 때문이다. 아메바 경영에서 아메바는 제품을 고객에게 출하할 수 있을 정도로 완벽하게 만들어내야 비로소 생산 실적을 인정받는다. 즉, 미완성품은 기말을 제외하고는 평가의 대상이 되지 않는다. 그러나 보통 회계상으로는 제조 중인 미완성품도 완성품과 똑같이 원가로 평가된다. 하지만 원가계산으로 미완성품이나 완성품의 가치를 평가하면, 이는 그것을 만들기 위해 소비된 비용의 총계일 뿐이다. 제품을 구입하여 사용하는 고객의 가치로 보기는 힘들다.

이처럼 아메바 경영에서는 표준원가 계산에 의한 원가계산 사고방식과, 고객에게서 대가를 얻을 수 있는 완벽한 제품의 가치만을 인정한다는 사고방식이 양립할 수 없다. 따라서 시간당 채산 제도에서는 지출한 제조 비용에서 원가계산에 의해 평가되는 미완성품 가격을 제외한 채로 제조 원가를 계산하는 방법은 사용하지 않는다. 사용자인 고객의 입장에서 볼 때 미완성품은 아무런 가치도 없기 때문이다.

시간당 채산 제도에서는 아메바 전원이 경영 상태를 실시간으로 이해하면서 주체적으로 빠르게 행동할 때 필요한 지표만이 중시된다. 물론 대외적인 결산 보고를 할 시에는 미완성품을 평가해야 한다. 결산 보고를 하는 다른 모든 기업이 미완성품의 기말 잔고를 보고하므로, 교세라도 동일 방법으로 계산하지 않으면 공정하지 않기 때문이다. 기업으로서 사회적인 회계 제도에 맞는 결산보고서를 작성하는 것도 당연한 의무이므로 지켜야 한다.

시간당 채산과
회사의 목표

시간당 채산 제도에서는 아메바의 구성원 전원이 자신이 속한 아메바의 경영 상황을 실시간으로, 손에 잡히듯 이해하는 것이 가장 중요하다. 그러므로 매일의 경리 처리는 정확하고 명료하며 신속해야 한다. 무슨 일이 발생하면 아메바의 수익 또는 비용으로 인식되도록 즉시 처리해야 한다. 이는 '일대일 대응'이라는 원칙을 실천하는 것이기도 하다.

교세라의 아메바는 개개의 생산 실적 및 출하 실적을 매일 파악하고 있으며, 그것은 다음 날 아침의 '매출생산일보'로 검증된다. 또한 자재와 경비도 늘 파악하고 있으며, 이 또한 이튿날 아침 배포되는 '경비일보' 등의 전자 자료로 검증한다.

그 결과 각 아메바는 경영 실태를 정리된 숫자로 명확히 확인할 수 있다. 전체적인 양상, 즉 거시적인 면모를 파악함과 동시에 숫자를 구성하는 하나하나의 요소를 미시적으로도 이해할 수 있게 된다.

그리고 아메바 경영에서는 하나의 아메바가 모든 수익 및 비용을 자신이 책임지고 관리하도록 되어 있다. 예를 들어 어느 아메바에서 발생한 폐기물의 매각은 당연히 그 아메바의 수익으로 처리된다. 회계상으로는 경영

이익에 포함되지 않고 특별 이익이 되는 기계 설비의 매각 처분 수익도 그것을 처분한 아메바에게는 수익이 된다. 마찬가지로 특별손실이 되는 기계 설비의 폐기 처분 손실도 그 아메바에게 부담된다. 이처럼 각종 수익과 비용은 조직 내 특정 어느 부문의 책임하에서 발생하고 있으므로, 이것들이 발생했을 때 어느 부문의 것인지 명확하게 알 수 있는 시스템이 필요하다.

또한 발생한 비용을 어느 부문이 부담하느냐로 아메바 사이에서 문제가 생기거나, 아메바가 몰랐던 비용을 갑작스럽게 부담하는 일이 생겨서는 안 된다. 이는 '아메바 자신이 책임을 지고 경영한다'는 아메바 경영 원칙에 위배된다. 그러므로 경리 담당자가 단순히 '회계상의 판단'만으로 멋대로 부담 부문이나 청구 과목을 결정하는 것이 아니라, 아메바의 책임자가 규칙에 따라 자신이 판단하여 경비를 관리해야 한다.

이처럼 아메바 경영에서는 각 아메바가 직접 관리하고 책임지는 비용이 아메바 채산에 반영된다. 아메바에게 서비스를 직접 제공하는 공장 및 사업소의 총무, 인사, 자재, 경리 등 간접 부문의 비용도 '공통비용'으로서 아메바가 납득할 수 있는 방법으로 부담한다. 이 결과 간접 부문의 인원은 아메바의 수익에 의해 자신들의 생활이 유지되고 있다는 것을 잘 알 수 있게 되니, 최대한으로 경비를 절약하여 보다 효율적이고 효과적으로 아메바에게 서비스를 제공하려고 노력하게 된다.

한편 본사의 총무, 인사, 자재, 경리 등 관리 부문의 경비는 아메바에게 부담시키지 않는다. 본사 경리 부문은 업무 관할하에 있는 공장 및 사업소의 간접 부문을 통해 각 아메바에게 서비스를 제공하지만, 공장 및 사업소의 아메바와 일상적으로 접촉하지는 않는다. 이처럼 아메바가 직접적으로 영향을 받지 않는 본사의 경비는 아메바가 부담하지 않도록 하고 있다.

일반적으로 사업 부문을 독립 채산으로 하여 손익계산서를 작성하는 경우에는 본사 경비를 사업 부문에게 '일반관리비' 명목으로 부담시키는 경우가 많다. 그러나 시간당 채산 제도에서는 경영 주체로서 아메바의 입장을 최대한으로 존중하기 위해 회계상의 상식에 얽매이지 않으려고 한다.

그리고 본사 관리 부문에서 실제로 발생한 비용은 각 부문이 관리하여 전사 월례회의에서 보고하지만, 비용을 계상할 때에는 '본사 부문'이라는 별도의 항목을 사용한다. 이러한 본사 관리 부문의 경비나 회사 전체 규모의 전략적 경비는 본사 부문의 수입인 자금운용 수익 등으로 조달한다.

아메바 경영에서의 비용 부담은 앞서 이야기한 바와 같이 매우 엄밀하게 관리하고 있다. 어딘가에서 주먹구구식으로 처리되어 한꺼번에 비용을 부담하게 되는 일은 결코 벌어지지 않는다. 실제로 교세라 안에서는 각 부문에서 매일 각종 비용이 엄중하게 체크되고 있다. 그 비용이 아무리 적은 금액일지라도 자신의 부문에서 부담해야 할 것이 아니라면 그 비용을 실제로 부담 또는 분담해야 할 부문에게 '경비 이동'이라는 명목으로 넘기고 있다. 이 '경비 이동'은 같은 공장에서뿐만 아니라 회사 전체에 걸쳐 이루어지는 것이다. 그만큼 사무 처리는 늘어나지만, 각종 처리를 공정하고 공평하게 처리해야만 아메바의 도덕성과 활력이 유지된다는 의미에서 불가피하다.

내부적인 '관리회계' 보고와 대외적인 '재무회계' 보고는 일반적으로 성격이 달라서 상호 독립된 것이라 여긴다. 그러나 두 가지 모두 경영의 실태를 정확하게 인식하기 위한 것으로, 양자의 보고 내용 사이에는 정합성이 이루어져야 한다. 실제 교세라에서도 '관리회계' 보고인 '시간당 채산'과 사외에 공표하는 '결산' 사이에는 명료한 정합성이 지켜지고 있다. 그러므로 각 아메바는 자신들의 실적이 회사 전체의 업적과 직결되어 있다는 인식을 가질 수 있다.

교세라에서는 매년 초에 발표하는 경영 방침에서 결산을 기준으로 하는 회사 전체의 업적 목표를 각 사업부의 시간당 채산 업적 목표와 밀접하게 연관된 상태에서 발표하고 있다.

시간당 채산은
직원의 성과를 나타낸다

'아메바 경영'과 '시간당 채산 제도'는 나의 경영 철학과 이에 근거한 교세라의 회계 원칙을 구체화한 시스템이다. 이 때문에 시간당 채산 제도에서 쓰는 결산보고서는 다른 회사와는 달리 물건과 돈이 '일대일 대응'하여 만들어진 숫자를 그대로 정리한, 매우 단순한 양식을 채택하고 있다.

각 아메바의 시간당 채산은 자신들의 업무 결과를 숫자로 표시한 것이다. 그런 의미에서 '자신들이 만든 이익'이라 할 수 있다.

교세라의 월차결산보고서는 시간당 채산과 회사 결산을 연결하는 역할을 한다. 월차결산에서는 시간당 채산의 '시간당 부가가치'와 회사 결산상의 이익을 결부시켜, 각 사업부가 결산상의 이익에서 볼 때 회사 전체에 얼마나 공헌하였는지를 구체적으로 보여준다. 즉, 월차결산보고서란 각 사업부별 시간당 채산 실적을 결산서 양식에 맞추어서 표현한 자료인 것이다.

시간당 채산은 경영관리라고 불리는 부문이 작성하고 있지만, 월차결산보고서는 경리 부문이 작성하며 시간당 채산에는 드러나지 않는 인건비를 비용으로 계상해 이익을 계산한다. 그리고 이 월차결산보고서에는 사업 본부별로 제조 아메바의 '생산 베이스' 채산과 영업 아메바의 '매출 베이스' 채산을 일체화하여, 제품의 재고만큼 생산 이익을 공제한 뒤 회사 결산에서 사용하는 '매출 베이스'의 업적으로 변환하고 있다.

아메바 경영에서는 아메바가 자신의 책임으로 작성하는 월차 예정 및 연차 마스터플랜이 중요한 역할을 맡고 있다. 아메바 경영의 본질은 아메바의 구성원 전원이 현재 자신의 모습을 문자 그대로 정확하게 파악하고, 목표를 달성하기 위해 필요한 행동을 즉각적으로 취하는 것에 있다. 그러기 위해 아메바는 자신이 미리 세워둔 연차 마스터플랜 및 월차 '채산성 목표'를 명확한 목표로 삼고, 그에 비해 실적이 어떠한지를 언제나 완전하게 인식하고 있어야 한다. 이 때문에 시간당 채산표는 당월의 목표와 마스터플랜, 그리고 실적을 간단하게 비교할 수 있는 양식으로 만들어져 있다.

물론 나는 경영에서 실적 숫자와 마찬가지로, 아니 어쩌면 그 이상으로 '목표'가 중요하다고 생각한다. 목표는 경영자의 의지를 표현하는 동시에 자신의 손으로 새로이

기업을 만들어내려는 청사진이기도 하다. 그런 의미에서 목표는 결코 변경되어서는 안 되고, 아메바의 동료들이나 환경이 변하더라도 마지막까지 포기하지 말아야 한다.

판매가격환원원가법에 의한
경영

기업회계 원칙에서는 제품 및 미완성품의 제조 원가를 적정한 원가계산에 의해 산정하도록 되어 있다. 따라서 사내에 원가계산 제도가 확립되어 있지 않으면 회계 감사 때 중대한 문제가 될 수 있다. 특히 주식을 공개하는 기업이라면 투자자를 보호하기 위한 기업의 회계 시스템 및 관리 시스템이 적정한지 엄격히 체크한다.

이 때문에 교세라가 주식을 상장할 때 일반적인 원가계산을 하지 않는다는 점이 자격 심사에서 문제가 되진 않을까 하는 우려가 있었다.

그러나 일반적인 원가계산 방식은 매우 번잡하며, 원가계산 담당 부서를 따로 두어야 할 만큼 노고와 시간이 필요하다. 게다가 실제로 해보면 결과가 실태를 정확하게 나타내지 않아 경영에 도움이 된다고 장담하기도 어렵다.

예를 들어 일반적으로 흔히 사용되는 '표준원가계산'이라는 방법을 사용하면, 다양한 제품을 제조하고 있을 경우 표준이 되는 원가를 설정하는 것만으로도 막대한 노동이 필요하다. 교세라의 경우에는 다품종 소량 생산을 하고 있으므로, 이 방법을 채용했을 경우에는 모든 품목을 다 개별로 원가계산하기 위한 매우 방대한 작업이 필요하다. 또한 본격적인 원가계산을 도입해도 실제적인 효과가 없고, '시간당 채산 제도'와도 맞지 않는다. 그러므로 교세라에서는 결산 보고를 할 때 당사의 사고방식에 맞는 '판매가격환원원가법'이라는 방식을 사용하여 기말에 완성품과 미완성품의 세전 자산 평가를 실행한다. 일반적인 방법과는 다르지만 이 방법이 합리적이라고 생각했고, 상장 자격 심사 때에도 그 취지를 잘 설명하여 결과적으로 심사를 통과할 수 있었다.

판매가격환원원가법이란 제조에 필요한 비용을 합하여 원가를 구하는 것이 아니라, 그 제품에 맞는 원가율을 미리 계산하고 그것을 각 판매가격에 곱하여 '판매가격을 원가로 환원'하는 방식이다.

나는 '가격 결정이 경영의 생사를 좌우한다'라고 생각한다. 그러므로 교세라 제품의 판매가격은 모두 상당한 노력을 기울여 책정하고, 그 판매가격을 기준으로 고객이 만족하는 완벽한 제품을 최소비용으로 만들어내도록 온갖 지혜를 짜낸다. 이익은 그 결과물로써 발생한다. 나는 이것이 바로 경영의 기본이라 생각하며, 그런 의미에서 판매가격은 물론 원가도 고정된 것이 아니라고 본다.

이와 같은 사고방식 덕분에 미완성품 및 완성된 제품은 표준원가계산에 의해 이미 지출된 과거의 원가를 합하는 것이 아니라, 판매가격에 착안한 판매가격환원원가법에 근거한 방식으로 평가된다.

판매가격환원원가법은 변하는 시장을 반영한다

결산 시의 재고 평가를 표준원가계산으로 하면 경영의

실태가 정확히 나타나지 않는 경우가 있다. 재고품 중에 원가가 이미 판매가격보다 높게 책정되어 있어 팔고 나면 손해를 보는 경우다.

예를 들어 한 개에 300엔으로 도매상에 납품하던 제품의 원가를 250엔이라고 가정해 보자.

그런데 그 뒤를 이어 유사품이 시장에 나돌기 시작하면 소비자 가격은 급격히 떨어진다. 그러면 다음 신제품이 도입될 때까지 도매상의 마진을 보증하면서도 시장의 점유율을 유지하기 위해 과감히 값을 내려 도매상에 200엔으로 제품을 넘겨야 하는 경우도 발생한다.

이런 상황에서는 보통 기말 시점에서 남은 재고를 결산상으로는 본래의 원가인 250엔으로 계상하고, 세금도 이 금액에 근거하여 낸다. 염가판매의 재고 처분을 시작한 경우가 아닌 이상 재고 평가를 원가보다 낮추는 행위는 세법상 인정되지 않기 때문이다. 그러나 실제 이 재고의 판매액은 200엔이므로 회사로서는 손실이 발생한다. 이처럼 재고가 올바르게 평가되지 않는 상황은 건전한 경영이라고 할 수 없다.

그래서 아메바 경영에서는 원가가 계속 똑같을 수 없다고 생각한다. 언제나 갖은 방법을 동원하여 비용을 절감하도록 노력한다. 시장에서 판매가격이 아무리 떨어지더라도 반드시 채산을 확보할 수 있도록 항상 경비를 절감하고 생산성을 향상시키는 방법을 고안하고 있는 것이다.

자유로운 경쟁이 벌어지는 시장 경제에서 판매가격은 당연하게도 언제나 심하게 변화한다. 그러므로 고정된 가격 및 원가를 전제로 하는 경영은 애초부터 맞지 않는다.

판매가격환원원가법을 사용하면, 시장 가격이 매일 변동해도 해당 분기 동안 그 제품과 관계된 그룹 전체가 적자를 보지 않는 한 재고가 판매가격을 상회하는 원가로 계상되는 일은 없다.

이런 의미에서 판매가격환원원가법은 제품의 시장 판매가격과 실제 제조비용의 관계에 근거한 것으로, 언제든지 발생할 수 있는 가격의 하락을 재고 평가에 자동으로 반영할 수 있다. 어떤 방식으로든 원가계산을 아무리 정확하게 했다 하더라도 과거의 원가를 고집하면서 재고 평가를 하다가는 경영을 그르치게 된다. 그런 점에서 보

면 시장의 변동을 가장 민감하게 반영하는 판매가격환원
원가법은 경영자가 재고 평가를 정확히 하기 위한 가장
적합한 방법이 아닐까 생각한다.

그 무엇도 숨기지 말고
투명하게 경영하라

나는 교세라를 창업한 이래 마음을 바탕으로 한 경영, 즉 사원과의 신뢰 관계에 근거한 경영을 원칙으로 삼았다. 중소기업이었던 교세라가 대기업과의 치열한 경쟁에서 이기기 위해서는 경영자와 사원이 탄탄한 유대관계를 유지하고 단결하는 것이 필요 불가결했다. 그런 신뢰 관계를 구축하기 위해서는 회사가 처한 상황을 숨기지 않고 사원들에게 전할 필요가 있었다. 그리하여 나는 '투명한 경영'을 행하여 모든 사원이 교세라의 경영 상황을 알 수 있도록 노력해 왔다. 그리고 교세라가 주식을 상장한 이

후에는 일반 투자자들의 신뢰를 얻는 것이 중요하다고 생각하여 정보 공개를 철저히 했다. 기업 경영에서 가장 중요한 것은 '공명정대함'이라는 것이 나의 사고방식이었고, 그것을 보증하기 위해 경영을 모든 이의 감시하에 공개한 것이다.

여기에서는 이 투명한 경영을 뒷받침해 주는 경리 방식에 대해 이야기해 보고자 한다.

회계는 무조건
공명정대하게

앞서 경영을 실제보다 좋아 보이게 하는 회계 처리를 용납해서는 절대 안 된다는 이야기를 했다. 기업 회계에서 '진실성의 원칙'이란, 진실을 있는 그대로 보여주는 것이 회계의 본분이라는 뜻이다. 이를 위해서는 먼저 '돈을 관리하고 회계 처리를 하는 경리 부문이 철저하게 청렴결백하고 공정해야 한다'고 사원들에게 인식시키는 것이 중요하다.

그러므로 경리 부문의 멤버는 전원이 언제나 정정당당하고 공정한 태도를 가져야 하며 일관성이 있어야 한다. 또한 경리 부문 내부에서도 비겁한 사고방식이나 태도를 조금도 찾아볼 수 없도록 하는 분위기를 만들어, 사내에서도 누구나 인정하는 존재가 되도록 해야 한다.

그러나 경리 부문이 회사의 각종 회계 처리 및 결산 보고를 정확하게 하면서 보수적인 회계 처리가 이루어지도록 최대한 노력했다 하더라도, 투명한 경영의 성공 여부는 최종적으로 경영자가 가진 경영 철학에 달려 있다.

투명한
사내 커뮤니케이션

먼저 간부부터 일반 사원에 이르기까지 모두에게 경영 상황이 투명하게 전달되어야 한다. 즉, 경영자 혼자 자사의 현황을 속속들이 알고 있는 것을 넘어서 사원도 자사의 상황과 경영자가 하는 일을 실시간으로 잘 알 수 있어야 한다.

회사는 경영자의 사적인 이익을 추구하는 도구가 아니다. 회사의 사명은 그곳에서 일하는 직원 한 명 한 명에게 물심양면으로 행복을 가져다줌과 동시에 인류와 사회의 발전에 공헌하는 것이다. 당연히 경영자는 사명을 달성하기 위해 최대한 솔선수범하여 노력해야 한다. 투명한 경영을 실천하면 이 사명 달성을 위해 경영자가 선두에 서서 분투하고 있다는 것이 사원의 눈에도 일목요연하게 보이기 마련이다.

반대로 경영자가 회사의 돈을 사적인 목적을 위해 조금이라도 빼돌리거나 접대를 명목으로 골프 또는 의식에 거액의 돈을 쓰면 얼마 지나지 않아 모든 사원이 그 사실을 알게 된다. 이는 사원의 이탈을 불러일으킬 뿐이다.

투명한 경영을 하기 위해서는 먼저 경영자 자신이 스스로에게 엄격해야 하며, 그 누구에게도 부끄러움이 없는 공정한 행동을 취해야 한다.

그다음으로 경영자가 무엇을 생각하고 있으며 또 무엇을 목표로 하고 있는지를 사원들에게 정확히 전달해야 한다. 예를 들어 교세라의 경영 방침은 많은 시간과 노력을 거쳐 사원 한 명 한 명에게 전달된다. 연초에 실시되는 경영 방침 발표 자리에는 본사 소재 지역에 있는 간부 사원들은 직접 참여하지만 부하 직원들은 모두 참여하지 못한다. 그 때문에 교세라에서는 발표 현장을 각지의 공장에 위성 중계한다. 사장의 경영 방침을 들은 간부들은 사업장으로 돌아가 그 내용을 부하직원들에게 전하고, 사업장에 있는 전원이 다시 한 번 영상으로 녹화된 사장의 이야기를 듣는다. 이처럼 모든 직원이 회사의 경영 방침과 구체적인 경영 목표, 그를 위한 구체적인 시책을 올바르게 이해할 수 있도록 시스템을 마련하고 회사가 무엇을 목표로 하고 있고, 지금 현재 어떤 상태이며, 따라서 무엇을 해야 하는지에 대한 사장의 생각이 전체 직원에게 숨김없이 전해지고 그것이 각 부문의 목표에 반영된다.

이 외에도 1년에 두 번씩 세계 각지에 있는 교세라 그룹의 경영 간부들이 모여 국제 경영회의를 개최한다. 각 지역 각 분야에서 계획과 실적, 앞으로의 방침을 발표하고 그것에 대해 의논하는 자리다. 간부 전원이 모여 교세라 그룹 전체의 상황을 이해하는 한편 자신이 해야 할 일을 전체 회사의 동향 속에서 모색하는 자리이기도 하다. 이처럼 교세라는 그룹 전체에 걸친 자세한 보고가 경영자에게만 전달되는 획일적 구조가 아니기에, 200명에 달하는 출석자 전원에게 숨김없이 공유되고 있다.

더욱이 사내에서는 매달 초에 진행하는 조례 때 각 부문의 지난달 실적을 자세히 발표한다. 아메바의 멤버는 자기 부문의 실적을 당연히 잘 파악하는 것은 물론, 월초의 조례를 통해 다른 공장이나 사업소 그리고 회사 각 부문의 자세한 상황을 명확한 숫자로 파악할 수 있게 된다. 이처럼 교세라에서는 최대한 많은 경영 정보를 최대한 많은 사원과 공유할 수 있게 노력하고 있다.

사원이 회사 전체의 상황이나 경영 방향 및 목표, 그리고 현재 부딪힌 상황과 경영상의 과제에 대해 끊임없이 정보를 얻을 수 있는 시스템은 사내 도덕성을 높이기 위해서, 또한 사원이 나아가야 할 방향을 맞춰가기 위해서 반드시 필요하다. 집적된 사원의 힘이 곧 회사의 힘이므로, 사원의 힘이 집결되지 않으면 목표 달성은 물론이고 어려움을 극복하는 것도 불가능하다. 그러기 위해서는 경영자뿐만 아니라 사원에게도 경영을 한없이 투명하게 공개해야 한다.

기업 정보는
최대한 공개한다

나는 기업, 특히 상장 기업은 이미 사회적 존재이므로 기업 정보를 최대한 공시해야 한다고 생각한다. 교세라는 1976년에 미국에서 ADR이라는 일종의 주식을 발행한 이래 미국 기업과 똑같이 정보를 공개한다는 방침을 취해 왔다.

당시 미국에서는 세그먼트별 업적 공개가 회계 기준에 포함되어 있었지만, ADR을 발행하고 있는 대부분의 일본 기업은 그에 대해 오랫동안 소극적인 자세를 취해 왔다. 그러나 교세라는 미국의 증권시장에서 주식이 공개된 기업인 이상, 정보 공개는 지극히 당연하다고 생각하여 당초부터 미국 기업과 똑같이 업종별·사업 지역별로 정보를 공개해 왔다.

지금은 세그먼트별 정보가 제도화되어 있지만 교세라는 이미 45년 정도 전부터 세그먼트별 정보를 완전하게 공개해 왔으며 미국 공인 회계사로부터 '완벽하게 적정하다'라는 평가를 얻었다.

최근 주목을 받고 있는 퇴직연금 회계를 둘러싸고 같은 일이 벌어지고 있다. 미국에서의 연금 회계 방법과 공시 내용이 크게 개정되었을 때, ADR을 발행하고 있는 많은 일본 기업은 일본의 후생연금제도가 미국의 회계 기준이 상정하는 연금제도와 다르다는 이유로 '미국풍' 연금 회계 적용에 대해 소극적인 태도를 취했다. 그러나 교세라는 미국에서의 공정한 정보 공개의 관점에서 주저 없이 미국 기업과 동일한 회계 방법과 공시 내용에 의한 연금회계를 적용하였다. 그 결과 오늘날에도 교세라는 연금회계에서 미국 기업과 동일한 내용으로 공시하고 있는 소수의 일본 기업이 되었다.

경영자는 정해진 결산 자료에서 최대한 공정한 정보를

공개할 뿐만 아니라, 일상적인 투자자에 대한 기업 설명 활동도 중시할 필요가 있다. 대규모 기관 투자자들은 물론 회사의 장래와 주식 가치의 동향에 이해관계 또는 관심을 가진 모든 사람에게 톱 매니지먼트의 관점에서 기업의 이념과 경영 상황, 앞으로의 전망을 올바르게 알려야 하기 때문이다.

자기 회사가 투자자에게 건전한 재무 체질을 가지고 있으며 소중한 돈을 안심하고 투자할 수 있는 장래성 있는 기업이라는 것을 선전하고 가치를 정확하게 알릴 수 있다면, 결과적으로 자사의 평가가 올라가고 나아가 주가도 올릴 수 있다. 이는 자사만이 아니라 많은 투자자에게도 커다란 메리트를 주게 된다. 그렇게 생각한다면 투자한 돈이 어떻게 활용되고 있으며 또 장래에 얼마나 유효하게 활용될 것인지를 정확하게 투자자에게 전하는 기업 홍보 활동은 경영에서 가장 중요한 부분이다.

거품경제 붕괴 후 하향세를 지속하는 일본의 증권시장을 활성화시키려면 증권시장을 보다 공정하고 투명하게 만들 필요가 있다. 그러나 그와 동시에 경영자 자신 또한 공명정대하고 투명한 경영을 실천하여 공정하고 활발한 투자자와의 커뮤니케이션을 실행해야 한다.

정보 공개란 요컨대 '진실을 있는 그대로 전한다'는 당연한 원칙이 적용되어야 한다. 설령 '좋지 않은 사태'가 발생하더라도 용기를 가지고 사외에 즉시 공표함으로써 역으로 회사에 대한 신뢰를 높여야 한다. 어려움과 조우했을 때에는 정면에서 맞서 타개책을 확실하게 실행하고 있다는 것을 정직하게 투자자에게 호소하면 되는 것이다. 이처럼 회사의 있는 그대로의 모습을 숨김없이 공개하기 위해서는 이익보다는 공정함을 우선한다는 확고한 경영 철학이 필요하다.

회계 원칙으로
불상사를 방지한다

나의 회계 원칙은 '이익금은 어디에 어떻게 되어 있는가?'라는 질문에서 시작되었다. '경리 담당자의 보고에 따르면 결산 결과 이번 달에는 어느 정도의 이익이 나왔다고 하는데, 그렇다면 그 돈은 대체 어디에 있는 걸까?'

라는 의문이 내가 말한 '경영을 위한 회계'의 출발점이다. 그리고 이러한 이익도 나의 회계 원칙의 기본인 '일대일 대응'을 지키지 못하면 그림의 떡이 될 수도 있다.

앞서 이야기한 것처럼 하나하나의 경영 활동과 전표 처리가 명확한 대응을 이루어야만 최종적으로 진실한 숫자를 볼 수 있다. 아무리 회계 처리가 세련되었다고 해도 이 일대일 대응의 원칙에 근거하지 않은 회계 처리가 한 군데라도 있으면, 이는 회사의 실태를 올바르게 반영하지 못한 것이다.

교세라는 회계전표는 물론 수주전표와 발주전표 처리에도 일대일 대응의 원칙을 적용해 왔다. 그 때문에 기업의 규모가 급속하게 확장되었음에도 관리상 큰 문제없이 오늘날에 이를 수 있었다.

그러나 솔직히 말하자면, 이만큼 주의를 기울이고 만전을 기한 관리 시스템을 구축해 두었어도 부정이 전혀 일어나지 않았던 것은 아니다.

엄격하게 관리해도 이러한데 견실한 관리가 이루어지지 않는 기업은 어떠할까? 최근 많은 기업에서 벌어지고 있는 불상사를 보고 있자면 걱정이 앞선다.

그러한 기업에서는 부정한 처리가 발생해도 문제가 되지 않고 그저 덮어두는 것은 아닐까? 모두가 크든 작든 무언가 문제를 가지고 있기 때문에 부정이나 의혹을 인지해도 서로 문제 삼지 않고 눈감아 주는 것은 아닐까? 혹시 상사에게 큰 문제가 있어서 부정이 발각된다 해도 그것이 수면 위로 드러나지 않은 채 상사 선에서 무마되어 버리는 것은 아닐까?

어떤 사원의 행동에 다소 이상한 징후가 보이는 경우에, 사내 풍토가 부정에 엄격하고 대부분의 사람이 청렴결백하다면 곧바로 눈에 띄어 적절한 처리가 이루어질 것이다. 반면 이상하다고 느껴지는 것을 지적하는 일이 '배신'이라고 여기는 분위기가 사내에 팽배하면 문제는 은폐되고 만다. 이렇듯 사내에 아주 작은 부정이라도 눈감아 주는 분위기가 생겨나면, 조직 전체가 썩어 들어가 언젠가 반드시 회사의 근간을 뒤흔드는 커다란 문제가 일어날 것이다.

그 때문에 사내에 부정을 없애기 위해서는 먼저 경영자 자신이 스스로를 제어하는 엄격한 경영 철학을 가지고, 그것을 사원들과 공유해야 한다.

공정함과 정의가 존중되는 사내 풍토를 만든 뒤에는 일대일 대응과 같은 단순한 원칙이 확실하게 지켜지는 회계 시스템을 구축해야 한다. 그러면 기업 내 대부분의 불상사는 방지할 수 있다.

기업 경영을 공명정대하게 실행하기 위해 필요한 것은 고도의 기술이나 복잡한 논리가 아니다. 부정의 온상이 되기 십상인 경리 처리를 비롯한 온갖 거래를 '일대일 대응'으로 명확하게 처리해야 한다. 일대일 대응에 의한 관리를 확립하면 애매하거나 부정한 처리는 전부 배제되어 모든 거래가 투명해진다. 이렇듯 일대일 대응은 정보 및 회계 처리를 올바르게 행하기 위한 가장 기본적이고 필수적인 원칙이다.

일대일 대응의 원칙에서는 하나하나의 현상과 인간의 인식이 문자 그대로 '일대일'로 대응해야 하고, 그 사이에는 애매한 것이나 이질적인 것이 개입할 수 없다. 있는 그대로의 현실에서 도피하거나 현실을 조작하여 속이는 짓은 그러한 진리를 거스르는 셈이 된다. 이렇게 진리를 거역하는 행위는 반드시 파탄을 부른다.

자본주의 경제에서
회계의 역할

현재 일본의 기업 사회에서는 이제껏 표면화되지 않았던 부패가 노출되기 시작했다. 언론매체에서는 이제까지 사회적 신용도가 높았던 일본의 증권, 은행 등 금융기관 및 중앙관청에서의 부정 문제가 거의 매일 보도되고 있다. 그러나 이것들은 빙산의 일각일 뿐이다. 사실 일본 사회 전체가 부패되어 있을지도 모른다. 거의 모든 사람이 '무엇이 옳고 그른지'를 생각해 보지 않고 단순히 자신의 이익만을 추구한 결과, 일본 전체가 도덕성이 결여된 사회가 되어 국가 전체가 병들어 버릴 위험에 처한 것이다.

썩어빠진 사회를 재정비하기 위해서는 먼저 우리 사회 리더들이 인간으로서 올바르고 확고한 경영 철학을 가지고, 그것을 바탕으로 정치·행정·경영을 실천해 나가야 한다.

애당초 자본주의 사회는 이익을 얻기 위해 무슨 짓을 해도 용납받는 사회가 아니다. 참가자 전원이 사회적 정의를 반드시 지킨다는 전제하에 구축된 사회이므로, 엄격한 도덕성이 바탕이 되어야만 비로소 정상적으로 기능하는 시스템이다. 즉, 사회 정의가 존중되고 투명한 사회가 구축되었을 때 비로소 시장 경제는 사회 발전에 공헌할 수 있다. 그러기 위해서는 먼저 자본주의 경제를 지탱하고 있는 기업의 경영자가 높은 차원의 윤리관을 가지고 공명정대한 경영을 실천해야 한다.

그러나 아쉽게도 인간은 항상 완벽하지 못하다. 아무리 훌륭한 말을 들어도 유혹에 사로잡히거나 순간적으로 나쁜 마음을 먹어 부정을 저지르기도 한다. 이는 큰 불상사를 일으킨 사람들을 조사해 보면 곧바로 알 수 있다. 그 누구도 처음부터 부정이나 범죄를 저지르려고 마음먹지는 않았기 때문이다.

이런 의미에서 나는 회계가 맡은 역할이 지극히 크다고 생각한다. 회계 부문에 만전을 기한 관리 시스템이 구축되어 있으면 사람으로 하여금 부정을 저지르지 않게 할 수 있고 만에 하나 부정이 발생했다 하더라도 그것을 최소한의 규모에 그치도록 할 수 있기 때문이다.

다만 이를 관리하기 위한 시스템이 복잡하거나 최첨단일 필요는 없다. 인간으로서 보편적이고 올바른 일을 추구한다는 경영 철학이 근간에 있으면 '일대일 대응', '투명한 경영', 곧이어 소개할 '이중 체크' 등의 원칙에 근거한 지극히 간단하고 원초적인 시스템이 탄생한다. 실제 현장에서 적용해 봤을 때 그것만으로도 충분하다는 걸 나는 지금껏 경험하고 있다.

이러한 회계 시스템은 사내의 부정을 방지하고 기업의 건전한 발전을 도모하기 위해 꼭 필요하다. 반대로 이런 회계 시스템이 없으면 아무리 훌륭한 기술력이 있고 풍부한 자금이 있어도 기업을 영속적으로 성장시킬 수 없을 것이다.

교세라가 지금껏 순조롭게 발전할 수 있었던 것도 확고한 경영 철학과, 그에 완전히 부합하는 회계 시스템을 구축한 덕분이다.

3장

이익을 내는 리더는 무엇을 생각하는가

젊은 경영자가 묻고 이나모리 가즈오가 답하다

이제까지 이야기한 회계 원칙들은

실제 경영 현장에서 활용해야

비로소 진가를 발휘한다.

앞으로 경영과 회계의 길을 걸을 독자들 중에는

구체적인 케이스 속에서 이들 원칙이

어떻게 적용되는지 궁금한 사람도 있을 것이다.

지금부터는 내가 주최하는

경영 아카데미 '세이와주쿠'에서

중견 기업의 젊은 경영자들과 나눈

경영 문답을 통해

회계 원칙을 적용한 케이스를 소개하겠다.

세이와주쿠에서는 참가자가

평소 골머리를 앓고 있는

경영 문제에 대해

내게 솔직하게 질문을 하면

내가 답하는 형식으로 진지한 토의를 하고 있다.

이 실제 사례가 나의 회계 원칙을 이해하는 데

도움이 되길 기대하며

다섯 가지 경영 문답을 소개한다.

각 문답은 매우 구체적이기는 하나

그 내용이나 숫자에 일부 수정을 가해

재구성했음을 미리 밝혀둔다.

과감한 선행 투자를
앞두고 불안합니다

저희 회사는 어느 자동차 제조사의 정규 영업 딜러입니다. 몇 년 전부터 매출과 이익이 간신히 순조로운 궤도에 올랐습니다. 그런데 최근 제조사 측에서 적극적인 경영 방침을 정하고 환경과 안전을 고려하는 선진 제조를 강력하게 추진하면서, 4년 안에 판매 대수를 배로 늘리겠다는 계획을 발표했습니다. 그래서 딜러에게도 영업사원과 대리점을 늘리는 등 선행 투자를 강하게 요구하고 있습니다.

현재 저희 회사는 세 개의 대리점을 가지고 있고 사원

은 50명입니다. 그중 판매사원은 15명이고, 그들이 연간 4~50대 정도를 판매하고 있습니다. 판매사원 한 명당 연평균 30대, 월 평균 2.5대를 판매하는 셈이지요.

이제까지는 차입을 연매출 금액의 3분의 1 정도로 억제하고 있었습니다. 그런데 이번에 서비스 공장의 시설을 정비했고, 제조사로부터 재고 보유 요청이 있었기 때문에 자금을 추가로 빌렸습니다. 또한 앞으로의 판매량에 대응하기 위해 보상판매 가격을 높게 받을 수 있도록 직영 중고차 센터를 병설할 계획을 세우고 있습니다. 이를 위해 자금을 빌리면 매출보다 차입 쪽이 배로 늘어날 것으로 예상됩니다.

자동차 영업 딜러 회사의 경우 이익은 고만고만한 수준이지만, 제조사 인센티브 의존도가 매우 높아서 제조사 측의 정책에 따라 이익이 크게 좌우됩니다.

저희 회사가 거래하는 제조사뿐만 아니라 모든 자동차 제조사들이 최근 딜러 평가를 강화하기 시작했습니다. 신규 점포를 내지 않거나 판매 목표를 크게 달성하지 못한 딜러 회사에게는 엄격한 조치를 취하겠다고 공헌했습니다. 저희로서는 전체적으로 급속한 성장을 기대할 수 없는 국내 시장에서 딜러들이 과연 살아남을 수 있을지, 중대한 고비를 맞이하고 있습니다.

저희에게는 판매를 늘리기 위해 일인당 판매 대수를 늘리거나 판매사원을 늘리는 방법밖에 없습니다. 한 달에 다섯 대나 계약을 성사시키는 판매사원이 있기는 하지만 예외적인 존재이지, 경험과 훈련만으로 그런 슈퍼 판매사원을 육성하기란 쉽지 않습니다. 슈퍼 판매사원을 늘리기보단 오히려 신입사원을 채용해 몇 년간 한 달에 두세 대를 확실하게 팔 수 있는 판매사원으로 육성하는 편이 더 현실적이라고 생각됩니다.

신규 대리점은 큰 투자가 필요하므로 신중하게 생각하고 있습니다. 그래서 판매 대수의 증가를 위해, 먼저 판매사원을 늘려 판매력을 강화하고자 합니다. 매년 네 명 정도의 판매사원을 채용하고 앞으로 4년 동안 판매를 늘려 연간 900대를 판매하는 시스템을 확보하려고 합니다.

판매사원을 신규 채용하고 중점적으로 교육해 제조사 고객의 만족도를 향상시키는 일은 지금 당장의 이익을 떨어뜨릴 가능성이 있지만, 미래를 위한 선행 투자라고 생각합니다. 현재 경기 하향세가 지속되고 있기 때문에 오히려 과감하게 선행 투자에 나서야 하지 않을까 싶습니다.

그러나 한편으로는 불안 요소도 많습니다. 경쟁이 심해져 이익이 크게 떨어질 수도 있고, 어려운 상황에 직면할 수도 있다는 불안 역시 항상 존재하고 있습니다. 회장님께서는 평소에 "먼저 토대를 다지고 나서 이익의 향상을 꾀한 다음 그 후에 투자하라"라고 말씀하시며 선행 투자에 신중을 기하라고 하셨습니다. 이 문제에 대한 답을 듣고 싶습니다.

모든 투자에는
때가 있는 법입니다

저의 회계 원칙 중 세 번째 '근육질 경영의 원칙'에는 고정비의 증가를 경계하라는 내용이 있습니다. 교세라는 제조회사이니 설비의 우열에 따라 생산성이 좌우되지만, 그럼에도 저는 창업 당시부터 "기계 설비는 중고품으로 사용하라"라고 사원들을 타일러 왔습니다. 또한 설비 투자 이외의 고정비 증가도 항상 세심하게 경계했습니다. 인원 증가, 그중에서도 특히 간접 인원의 증가에 대해서는 매우 엄격하게 체크하고 있습니다.

방금 말씀하신 이야기에 따르면 총 50명의 조직 안에

판매사원이 15명이니 30퍼센트가 판매사원인 셈입니다. 즉, 판매사원 한 명이 자신을 포함하여 세 명을 부양하고 있는 것입니다. 그런데 앞으로 매년 네 명씩 판매사원을 늘려, 4년 후에는 약 두 배로 늘릴 계획으로 보입니다.

이 경우에는 먼저 현재의 간접 인원 수를 절대 늘리지 않는 것이 중요합니다. 그렇게 신입 판매사원만을 채용해 앞으로 그 사람들이 자신의 급여만큼 벌어온다면, 1년에 한 사람당 평균 10대를 팔아야 하는데요.

그러면 채용한 이후 얼마나 교육을 해야 연간 10대를 팔 수 있는지를 따져봐야 합니다. 목표 대수를 팔 수 있을 때까지는 자신의 밥값조차 벌지 못하는 셈이기 때문입니다. 이 점이 경영에 상당한 부담으로 작용할 것입니다. 먼저 현재의 이익이 이 새로운 부담을 충분히 견딜 수 있는지를 검토해 볼 필요가 있습니다.

일단 늘리고 보자는 식으로 무리하게 채용을 하는 일은 피해야 합니다. 여유를 가지고 버틸 수 있는 자금 범위에서 신입사원을 채용해야 합니다.

몇 년 후일지는 모르지만 그 사람들이 1년에 한 사람당 평균 30대를 팔게 되었을 때는 이익이 크게 향상될 것입니다. 간접 인원은 늘어나지 않았으므로 중견 사원이 된 기존의 판매사원들은 혼자서 세 명의 몫을 짊어지지 않아도 되며, 30대를 팔면 두 명 몫의 급여가 전부 이익이 됩니다. 지금 15명이 50명을 먹여 살리고 있는데 비해, 앞으로는 30명이 65명을 먹여 살리는 것이니까 훨씬 편해지겠지요. 이익은 당연히 지금보다 몇 배 더 늘어날 것입니다.

귀사의 실적을 보면 올해 매출은 늘었지만 이익은 조금 하락했습니다. 이제까지 지키고 있던 5퍼센트 밑으로 떨어졌지요. 이 점에는 매우 주의를 기울일 필요가 있습니다. 매출이 오르면 경비도 따라서 늘어나는 것이 당연하다고 생각해 버리면, 경비는 상승한 매출 그 이상으로 늘어날 것입니다.

그러므로 매출이 늘었다고 좋아하고 있을 때가 아닙니다. 그보다 이익이 떨어진 것을 더 심각하게 생각해야 합니다. 적어도 5퍼센트의 이익을 낸다는 것을 목표로 삼아야 합니다. 신입사원 채용이라는 선행 투자를 하기 전에 이익이 감소해 버리면 곤란합니다. 먼저 현재의 경비를 철저하게 절감할 필요가 있습니다.

착실한 방법으로 경영해 나가겠다고 굳게 결심한 자세는 매우 좋습니다. 신중한 만큼 용기를 가지고 행동해도 괜찮을 것입니다. 5퍼센트라는 이익을 최저로 확보한 다음 새로운 투자를 해보십시오.

사업을 전개할 때는 '때'라는 것이 있습니다. 안전과 환경에 대해 본격적인 관심이 높아져 있는 상황을 보면 말씀하신 비즈니스에는 커다란 장래성이 느껴집니다. 그것이 '때'라고 확신하신다면 과감하게 나서야 합니다. 저는 항상 "씨름판 한가운데서 씨름을 하라"라고 말합니다. 이는 찬스가 왔을 때 걱정 없이 손을 쓸 수 있도록, 필요할 때 과감히 투자할 수 있도록 평소 여유롭게 경영을 하라는 의미입니다. 경비 삭감 등 회사 전체의 분위기를 쇄신하면서 적극적인 투자 전략을 갖추는 게 좋지 않을까요? 전 사원에게 커다란 도약을 위한 투자의 취지를 잘 설명해 주시고 각 부문의 토대를 탄탄히 다져야 합니다.

아무런 조치도 취하지 않았다가는 판매사원 한 명마다 지원하는 인원이 또 한 명 늘어나게 됩니다. 그런 상황이 벌어지는 것을 절대로 용납해서는 안 됩니다. 정비 서비스 체제도 지혜를 짜내어보고 판매사원만 늘리십시오. 이익은 그에 따라 자연히 상승할 것입니다.

사업을 확대하면 확대할수록 경영자는 더욱 꼼꼼하게 경영의 상황을 살펴볼 필요가 있습니다. 이 자리에서 새삼 자세하게 설명하지는 않겠지만, 그저 '비용 삭감'이라는 간판만 내걸지 말고 점포별로 정확하게 손익을 계산해 "매출은 최대로 경비는 최소로"라는 원칙을 사원 모두가 철저히 인식할 수 있도록 해야 합니다.

그리고 정비 서비스도 독자적인 수입이 있을 것입니다. 단순히 판매를 보조하는 간접 부문이라고 생각해서는 안 됩니다. 경우에 따라서는 정비 서비스와 판매로 나누어야 합니다. 행여 중고차 센터가 만들어진다면 신차의 판매와는 이익 구조가 다를 테니 각각의 손익 상황을 정확하게 파악하는 것이 중요합니다.

대기업과 제휴를 맺고
자금을 조달하려 합니다

설비 투자 계획을 세울 때 자금을 조달하는 방법에 대해 회장님께 조언을 듣고 싶습니다.

저희는 숙박업을 하고 있습니다. 전국적으로 숙박업은 발전이 답보 상태에 머물러 있지만, 관광지는 숙박 시설이 점차 현대적으로 변하고 있어 관광객이 증가하고 있습니다.

그러나 대부분의 여관과 호텔이 후계자난으로 심각한 어려움을 겪고 있고, 지배인으로 삼을 만한 인재를 찾기도 힘들어지고 있습니다. 업무 시간이 불규칙적이고 육체적으로도 고된 일이기 때문에 객실 담당 직원을 구하는 일에도 애를 먹고 있습니다. 다만 저희 회사는 보다 근대적인 근무 형태를 실현하고자 노력해 왔기 때문에 다행히 사원들의 근속기간이 길고 후계자도 있어 이런 점에서는 비교적 안정적이라고 할 수 있습니다.

저희 회사의 숙박 시설은 30여 년 전에 지어졌습니다. 그래서 최근 재건축을 계획하고 있습니다. 수도나 공조 설비가 노후하고, 하루라도 빨리 요즘 관광객의 주류인 가족 및 단체 여행에 적합한 객실 레이아웃으로 변경할 필요도 있기 때문입니다. 현재의 건물은 대부분 개인 및 신혼부부를 대상으로 한 2~3인용 객실뿐이라 최근의 여행 수요에 충분히 대응하지 못하고 있습니다. 그렇기에 회의용 시설, 연회용 시설, 온천 등 단체 손님에 적합한 다목적 용도로 개조하여 손님은 두 배로, 매출은 세 배로 늘리는 계획을 세우고 있습니다. 투자한 만큼 효과는 충분히 거둘 수 있을 것이라고 예상합니다.

가장 큰 문제는 역시 자금 조달입니다. 저희 회사의 재무 상황은 같은 업계의 다른 회사와 대동소이합니다. 큰 설비 투자를 자기자본으로 감당할 수 있을 만한 여유가 없습니다. 이 때문에 이번 재건축도 전액을 차입해야 합니다. 그러나 솔직히 말해 당사의 차입금은 이미 상당히 높은 수준이라 금융기관의 추가 대출을 기대하기가 어렵습니다. 투자자를 모집하거나 회원제로 전환하여 자금을 얻는 방법도 생각해 보았지만, 비현실적이라는 생각밖에 들지 않습니다.

하지만 이번에 계획하고 있는 것은 단순한 재건축이 아닙니다. 지난 30년의 역사를 일단락 짓고, 대표적인 전통 관광 여관 스타일에서 벗어나 새로운 시대의 흐름에 적응하기 위한 비즈니스 전환이라고 인식하고 있습니다. 비용 관리 방식도 과거의 애매한 방법에서 합리적인 방법으로 전환할 생각입니다.

그래서 저는 최근 이 지방에 진출을 모색하고 있는 대기업과 제휴를 맺고 재건축 계획을 실현시키면 어떨까 합니다. 인접 지역에 레저시설 건설을 계획하고 있는 대기업에게는 경치 좋은 온천지 관광호텔과의 제휴 제안이 충분히 매력적으로 들릴 것입니다. 제휴를 통해 대기업의 자금력과 신용을 이용하여 저희의 계획에 필요한 자금을 조달하려고 합니다. 구체적으로는 대기업 자본과의 공동 출자로 새 회사를 설립하고 새 회사가 호텔 경영을 맡는 형태이지요. 저희는 현물 출자를 하게 됩니다.

문제는 경영권인데, 저희가 출자할 수 있는 것이 토지와 인재밖에 없는지라 어느 정도의 경영권은 대기업에 양보해도 괜찮다고 생각하고 있습니다. 오늘날의 레저 관광업은 단순히 극진한 서비스뿐 아니라 도회지에서의 폭넓은 영업 활동 및 근대적인 노무 관리와 재무 관리 등이 필요합니다. 사업을 크게 확장시키는 힘과 기량을 가진 인재가 가족이나 친척 중에 없다면 일찌감치 가족 경영과 결별하는 수밖에 없다고 생각합니다.

다행히 저희 회사는 장남이 뒤를 잇기로 했고, 지배인이나 객실 책임자 같은 현장 관리자도 후계자를 정해놓고 있습니다. 사원의 질도 우수하여 많은 사람이 이후에도 오랫동안 일해 주리라 생각합니다. 그러므로 현재 사원들의 고용을 앞으로도 보장할 수 있으며, 가족이나 친척이 경영진의 일부를 점하고 현지 발전에도 공헌할 수 있다면 경영권의 일부를 대기업 자본에 양도하게 되어도 괜찮다고 생각합니다.

대기업 자본과의 제휴를 통해 설비 투자를 꾀한다는 저희의 아이디어에 대해 어떻게 생각하시는지 회장님께 조언을 부탁드립니다.

스스로 강해지지 못하면
그 어떤 전략도 소용없습니다

솔직히 말해 답변이 매우 어려운 문제라고 생각합니다.

"대기업과 제휴함으로써 자본력과 근대적인 경영관리 능력을 이용할 수 있다면 경영권의 상당 부분을 대기업 자본에 양도해도 상관없다"라고 말씀하셨습니다. 그리고 아마도 가족 중 후계자가 경영을 물려받고, 현재 일하고 있는 사원들도 계속 업무를 맡을 수 있어야 한다는 것이 제휴의 전제 조건인 것 같습니다.

가혹하게 들릴지 모르겠지만 제가 볼 때 그럴 가능성은 거의 없습니다. 만약 당신이 생각하는 대로 대기업이 숙박사업에 흥미를 느껴 당신과 공동 경영을 하게 되었다고 칩시다. 그리고 30년에 한 번 받을 수 있다는 커다란 설비 투자 자금을 은행에서 빌렸다고 합시다. 그러면 당연히 은행은 대기업의 보증을 요구할 것입니다. 대기업이 보증을 선다는 것은 자기 자신이 은행에서 대출을 받는 것과 마찬가지이므로, 아마 대기업은 실질적인 경영권을 확보하려 할 것입니다. 출자한 토지는 10퍼센트 내지 20퍼센트 정도밖에 인정되지 않을 것이고, 이름값이나 인재와 같은 무형적이고 불안정한 요소는 거의 평가받을 일이 없다고 보는 게 맞습니다. 즉, 대기업은 90퍼센트 내지 80퍼센트의 경영권을 확보하려 할 것입니다.

후계자나 지배인 같은 사원들은 당연히 자신을 계속 고용해 준다는 전제하에 일하고 있을 것입니다. 하지만 대기업과 제휴를 한 뒤 2~3년 정도 지나 그 후계자에게 경영자로서의 능력이 없다고 판단되면, 혹은 설령 능력이 있다 해도 대기업이 원하는 경영자가 아니라면 그들은 곧바로 원래의 사원들을 업무에서 배제시킬 것입니다.

결론적으로 대기업 자본을 도입하는 건 괜찮아 보이

나, 경영자나 사원을 그대로 고용해 준다는 보장은 어디에도 없다고 보셔야 합니다.

대기업은 최종적으로 자신이 책임질 돈을 이 사업에 쏟아붓는 셈이니 매우 냉정하게 행동할 수밖에 없습니다. 자본의 논리로서 당연히 자신이 투자한 만큼의 이익을 확보하고 지키려 할 것입니다.

이런 이야기는 사실 드문 일이 아닙니다. 저도 말씀드리면서 내심 매우 안타깝습니다. 중소기업이나 지방 상점가의 가게들은 거의 모두 이런 문제를 끌어안고 있거나, 혹은 앞으로 직면하게 될 것입니다.

단도직입적으로 말해 저는 사업 확장을 위해 대기업과 제휴를 맺는 것은 무모한 판단이라고 생각합니다.

미안한 말이지만 귀사의 업적 추이를 보면 매출은 조금 늘었지만 영업 이익에는 전혀 발전이 없습니다. 차입금의 금리 부담이 크기 때문에 경영 이익이 너무 낮은 상태입니다. 그런데 한편으로는 상각비가 매년 증가하고 있습니다. 이만큼의 상각을 하고 계시니 이익은 크지 않아도 현금흐름이 확보되어 차입금 반환이 상당 부분 끝나 있어야 합니다.

하지만 실제로는 오히려 차입금이 늘어나고 있는 상황입니다. 그러니 가장 먼저 생각해야 할 것은 '현재의 수익성과 재정 상태를 어떻게 향상시키느냐' 입니다.

"하늘은 스스로 돕는 자를 돕는다"라는 말이 있습니다. 저는 이 말을 진실로 굳게 믿습니다. 같은 맥락으로 볼 때 스스로 자립하고자 하는 힘이 없으면 은행은 융자를 해주지 않습니다. 은행은 스스로 비를 피할 수 있는 사람에게만 우산을 빌려줍니다. 큰 계획을 실현하기 위해 대기업과 제휴하겠다고 말씀하셨습니다만, 이는 냉정하게 말해 스스로 헤쳐 나갈 힘이 없기 때문에 대기업의 손을 빌리려고 하는 것입니다.

현재 귀사는 어느 정도 규모의 매출이 있고 그 매출이 조금씩 늘어나고는 있지만, 이익이 낮을 뿐만 아니라 조금도 늘지 않고 오히려 빚만 늘어나고 있는 실정입니다. 이래서는 앞으로 경영이 곤란해질 것입니다. 이러한 상황을 무시하고 뭔가 새로운 수를 써서 기사회생을 꾀한다면 결코 성공하지 못할 것입니다. 자신의 힘으로 스스로 개선시켜 나가겠다는 의지가 무엇보다 필요합니다.

 새로운 투자를 하면 매출이 세 배가 될 것이라고 말씀하셨습니다. 두 배라면 몰라도 세 배는 지나친 비약입니다. 사업 규모가 세 배가 되면 사람 문제부터 내부 관리 문제까지 온갖 문제가 발생하기 때문에 경영 부담도 기하급수적으로 커집니다. 아무리 건물을 새로 짓는다고 해도 현재 매출의 세 배나 되는 이익을 낸다는 것이 그리 간단하게 이루어질까요? 계획이 좀 낙관적이진 않은지 우려됩니다.

 지은 지 30년 가까이 지난 지금의 건물로는 앞으로 계속 운영해 나가기가 쉽지 않을 것입니다. 여관이나 호텔용 콘크리트 건물은 30년 정도가 지나면 노후화가 진행되니 그 시점에서 감가상각이 거의 끝나 있어야 합니다. 수도나 공조 설비의 노후 문제도 말씀하셨는데, 이러한 것은 금방 망가지므로 건물 본체와는 별개로 10년 정도 이내에 상각해야 합니다. 정률법으로 상각했다면 이미 상각 부담은 없는 것이나 마찬가지이니 그만큼 충분한 수익이 올라 있어야 하고, 미래 투자를 위한 내부 유보가 쌓여 있어야 합니다. 하다못해 매출의 10퍼센트 정도의 이익을 쪼개어 그것을 내부 유보 명목으로 축적해두어야 했습니다.

저는 창업 후 마쓰시타 고노스케 회장님의 '댐식 경영' 강연을 듣고 어떻게 해서든 반드시 회사에 여유 자금을 축적해 놓아야겠다고 생각했습니다. 씨름판 가장자리로 몰리고 나서야 승부에 나서는 것이 아닌, 충분한 여유가 있을 때 배수의 진을 친 뒤 밤낮 가리지 않고 채산성 향상에 매진했습니다.

지금 귀사가 가장 먼저 해야 할 일은 우선 수익을 올리는 것입니다. '매출은 최대로, 경비는 최소로'라는 원칙을 실천해야 합니다. 하지만 경비를 최소로 줄인다는 핑계로 서비스가 나빠지거나 요리의 수준이 떨어져 손님이 떠나버리면 아무런 의미가 없습니다. 현재의 건물에서 요리와 서비스를 뛰어난 수준으로 유지하면서, 경비를 다른 어느 곳보다도 낮추라는 말입니다. 그렇게 하기 위해서는 엄청난 노력과 창의력이 필요할 것입니다.

이는 아무나 할 수 있는 일이 아닙니다. 이것을 해내면 위대한 경영자가 될 수 있습니다. 아무튼 철저하게 수익을 개선해야 합니다. 구상 자체가 아무리 매력적이더라도 당장 수익을 올릴 수 없는 상태에서 사업을 확장하면 위험만 늘어날 뿐입니다.

귀사의 계획에 찬성을 표하며 호의적인 융자나 출자를 해주는 곳이 있다 하더라도, 만약 계획이 실현되지 못하면 출자자 측은 자금을 회수하려 할 테고 그렇게 되면 결국 가장 큰 손해를 보는 곳은 귀사가 될 것입니다. 타인의 자본이나 신용만을 믿고 사업 확장을 꾀하는 것은 매우 위험한 일입니다.

사업 확장에 따른
차입금 증가가 걱정입니다

저희 회사는 산업용 물품을 운송하는 일을 하고 있습니다. 지난번에 트럭 수를 늘리고 자회사를 설립하여 창고와 배송 센터 등 사업 거점을 확대해 왔습니다. 그리고 최근 들어 고객사가 한 공업단지에 집단으로 이주하여, 고객과의 관계를 유지할 목적으로 저희 회사도 그 단지 안에 운송제품 가공 공장을 설치했습니다. 그 단지에는 운송업만을 목적으로 하는 사업장을 둘 수 없기 때문입니다. 이러한 신규 투자로 인해 차입금도 증가했습니다.

운송업계는 영세기업이 다수를 점하고 있지만 경쟁은

격화되고 있습니다. 그렇기에 살아남기 위해서는 어느 정도의 기업 규모와 사업 기반이 필요하므로, 확대 방침을 취했습니다.

다만 운송업의 기본은 꾸준한 노력이므로 사업을 확장했다고 해서 이익이 곧바로 늘어나지는 않습니다. 이제는 국내에서 생산하던 각종 공업 제품이 수입품으로 바뀌어갈 것이므로 노동 조건을 계속 상승시킬 수 있을지에 대한 불안감도 있습니다. 이런 상황에서 저희는 한번 취한 사업 확장 방침을 재검토해서라도 차입금을 줄이고, 회사의 체력이 더욱 충실해진 후에 다시금 사업 확장을 꾀해야 하지 않을까 고민하고 있습니다.

최근 5년간 저희 회사의 투자는 차고 등의 토지 취득이 대부분이었지만, 여기에 더해 공장 설비 등에도 투자했습니다. 이렇게 5년 동안 거의 1년 매출에 상당하는 액수를 투자해 왔습니다.

최근 몇 년 동안 매출은 증가했고 이익도 매출 규모의 확대에 따라 좋아졌지만, 금리 부담과 상각 부담 역시 증가하고 있습니다. 또한 가공 부문은 아직 매출이 낮아 현 단계에서는 금방 이익을 볼 수 있으리라 기대하지 않습니다.

차입금 삭감이 중요한 과제라고 생각되지만 공장 설비에 추가 투자가 필요해 차입금은 더 증가할 것으로 예상됩니다. 확대 방침을 계속 유지하면 당장의 차입금은 변제할 수 있어도 신규 조건이 계속 발생하므로, 채무자 신세에서 벗어날 수 없을 것 같습니다.

이런 상황에서 이제까지의 노선대로 확장을 계속해야할지, 아니면 경영 체질 강화를 주안점으로 두어야 할지고민입니다. 이 선택이 저희 사업의 중대한 기로라고 생각하고 있습니다. 생존을 걸고 어느 쪽을 선택해야 할지가르쳐주십시오.

손익계산서의 숫자를
분석하는 일이 먼저입니다

귀사는 운송업과 가공업 두 가지를 운영하고 있으니, 이를 각자 독립된 부문으로 보고 감가상각비와 인건비를 포함한 비용을 명확하게 나누어 손익을 계산한 다음 그것을 합산하여 회사 전체를 판단해야 한다고 생각합니다.

투자의 내용은 대부분 차고 용지 및 공장 용지로군요. 토지는 상각하지 않으니 대차대조표상에서 계속 금액이 남습니다. 그러므로 토지를 취득할 때에는 현금흐름의 관점에서 '자금 회전이 되는가?'를 놓고 판단하면 됩니다.

운전자금이 충분하다면, 토지를 사용하지 않고 있다 해도 은행에서 빌리든지 여유 자금을 쓰든지 하여 그 금리를 지불할 수 있기만 하면 괜찮습니다.

그러나 공장의 기계와 공작물 및 공업에 들어간 돈은 전혀 다릅니다. 금리에 더해 상각비를 부담해야 합니다.

즉, 토지를 취득할 때 최초 자금이 있으면 경비는 금리만 부담하면 됩니다. 그러나 공장 설비 투자의 경우에는 금리에 더해 감가상각을 부담해야 하며, 그것을 견딜 수 있을 정도의 수익이 지속적으로 발생해야 합니다.

최근 3년 동안은 치열한 경쟁 속에서 적극적인 확장으로 매출을 순조롭게 올리셨습니다. 경영이익을 보면 금리나 상각비는 증가하고 있지만, 본래 4퍼센트 정도밖에 되지 않았던 매출 대비 경영이익률이 10퍼센트 가까이 증가했습니다.

귀사는 사업이 계속 확장되고 있으므로 설비 투자에 가속도가 조금 지나치게 붙은 게 아닌지 걱정하는 듯 보입니다. 그것은 10퍼센트에 달한 경영이익률이 조금씩 상승하는지 아닌지를 보며 판단해야 합니다. 사업 확장과 동시에 이익을 향상시키는 경영을 실천하고 있는지를 판단의 기준으로 삼고 경영해야 합니다.

전체적인 사업 규모가 확대되면 설비의 상각비뿐만 아니라 모든 경비가 크게 증가합니다. 그것을 절감하는 경영을 하여 경비 증가가 매출 증가보다 낮아지도록 하면 됩니다.

다만 현재는 금리가 매우 낮지만, 금융 정세는 급격하게 변하므로 곧 금리가 상승하리라는 것은 충분히 예상할 수 있습니다. 지금은 저금리이므로 이만큼 설비 투자를 해도 이익이 증가하고 있지만 고금리가 되면 이익은 한 푼도 나오지 않을 것입니다. 적자 경영으로 전락할 가능성도 있습니다. 이익이 줄어들면 은행이 자금 대출을 꺼리거나 압류하는 사태가 일어날지도 모릅니다. 흑자라도 자금이 고갈되면 기업은 도산하고 맙니다.

그러므로 금리가 1퍼센트 오르면 경영 이익이 얼마만큼 떨어지는지, 또 몇 퍼센트 오르면 이익이 사라져버리는지를 월차 결산 때마다 계산한 후 경영진들이 그것을 면밀히 검토하여 사업 확장에 브레이크를 걸어야 합니다.

금리는 물론 세금까지도 전부 지불한 후에 남은 세후

이익과 현재의 상각을 더해 변제할 수 있는 범위에서 설비 투자 차입을 하는 것이 원칙입니다. 하지만 차입금을 늘려 사업을 확장시키는 것이 불안하다거나, 대출금은 무조건 빨리 갚는 것이 제일이라고 생각하는 것도 매우 중요합니다.

제가 처음 창업을 했을 때 어떤 분이 자신의 집을 담보로 은행에서 1000만 엔을 빌려주셨습니다. 나는 그것을 어떻게든 빨리 갚으려고 필사적으로 노력했지요. 그러자 그 분은 이렇게 말씀하셨습니다.

"상각 부담과 금리 부담을 버텨낼 수 있다면 돈을 갚기보다 오히려 더 많이 빌려서 사업을 확대하는 것이 사업가입니다. 원금 변제는 상각으로 하면 됩니다."

저는 그래도 빚이 싫어서 열심히 갚았는데, 그분은 어이없어 하면서 제게 "좋은 기술자이기는 하지만 좋은 경영자는 되지 못하겠군요"라고 말했습니다. 하지만 저는 빚 걱정 없이 씨름판 한가운데에서 당당하게 승부하고 싶었습니다. 다행히 그 후에는 빚을 지지 않고 사업을 확장시키는 경영을 실천할 수 있게 되었습니다.

지금의 걱정은 당연한 것이라 생각합니다. 정확한 숫자로 계산하면서 지금처럼만 주의 깊게 노력하시면 분명 회사는 성장할 것입니다.

경영 목표를 어떻게
정해야 할지 고민입니다

연간 계획이나 중기 계획을 세울 때 연간 매출 등의 성장률을 어떻게 정해야 할지 고민입니다.

예를 들어 성장률을 20퍼센트로 할지 25퍼센트로 할지 30퍼센트로 할지 고민하고 있습니다. 어느 쪽을 선택하여 계획하고 싶으냐고 묻는다면 저는 당연히 30퍼센트를 선택하고 싶은 마음이 굴뚝같습니다. 그러나 사원들의 다양한 의견이나 시장 환경 문제도 간과할 수 없습니다. 어느 선으로 결정해야 할지 매우 어렵습니다.

목표가 과하면 아무래도 그림의 떡처럼 느껴지고, 그

렇다고 지나치게 적으면 회사의 분위기가 늘어질 것 같습니다. 직원들에게 적절한 긴장감을 주는 동시에 손에 닿을 것 같은 목표는 어떻게 설정하면 될까요?

목표를 정했을 때 톱다운Top-down으로 가야 할지 보텀업Bottom-up으로 가야 할지도 문제입니다. 톱다운으로 하면 '주어진 명령'이라고 생각할 테고, 보텀업으로 가면 전년도 수준에서 조금 올려서 가지고 오는 정도입니다. 무엇을 중시하여 어떻게 목표를 정해야 할지 포인트를 가르쳐주십시오.

경영 목표란 직원들의 마음을 자극하는 도구입니다

그런 점을 고민한다는 것 자체가 이미 훌륭한 경영자라는 증거입니다.

목표 설정은 경영에서 매우 커다란 요인이므로, 열심히 경영하다 보면 반드시 이런 고민이 떠오르기 마련입니다. 어떤 회사에서든 이것은 영원히 해결해야 할 과제니까요.

경영이라는 것은 인간이라는 집단을 어떻게 이끌어나가느냐 하는 문제입니다. 그러므로 경영을 이야기할 때 '마음의 움직임'을 빼놓을 수 없습니다. 사람의 마음을 무시하는 경영은 불가능합니다.

목표 설정의 문제는 궁극적으로 '사람의 마음을 어떻게 움직이느냐'의 문제입니다. 예를 들어 목표를 설정했지만 도저히 달성할 수 없다면, 사원들은 현실성 없는 목표를 그대로 놔두는 것이 이상하다고 생각하겠지요.

그렇다고 목표를 하향 수정하면 이번에는 목표는 얼마든지 바꿀 수 있는 것이라고 생각할 테고 더 하향 조정을 해야 하는 상황이 올 수도 있습니다. 사원들이 이런 마음을 품게 되면 목표를 하향시키든 하향시키지 않든 결국 문제가 됩니다.

나는 경영자의 역할이란 '회사에 생명을 불어넣는 일'이라고 생각합니다. 회사라는 조직을 인간의 몸에 비유하자면, 경영자는 사령탑의 역할을 맡는 뇌세포에 해당합니다. 경영자가 회사에 대해 누구보다 진지하게 생각하고 모두의 선두에 서서 활발하게 행동하면 회사는 약동합니다. 그러나 경영자가 조금이라도 자기 개인의 일을 우선시하고 회사를 잊으면 회사는 생명력을 잃은 상태에 빠집니다.

그러므로 경영 목표는 경영자가 누구보다도 회사에 몰입하고, 사심을 개입시키지 않으며, 자신만의 의지로 결단하여 만들어나가야 합니다.

즉, '목표의 높고 낮음을 어떻게 판단할 것인가?', 톱다운으로 결정하는 것이 좋을지 보텀업으로 결정하는 것이 좋을지 정도의 발상으로 생각해서는 결코 뛰어난 경영을 할 수 없습니다. 목표를 설정하는 데 해답이 있다면 경영은 누구나 다 할 수 있겠지요.

문제는 목표치의 높고 낮음이 아닙니다. 먼저 경영자로서 당신에게 '이 정도는 달성하고 싶다'라고 생각하는 명확한 숫자가 있어야 합니다. 경영 목표란 경영자의 의지 그 자체입니다. 그다음은 결정한 목표를 '어떻게 해야 사원 전원이 해보자고 생각하게 만들 것인가?'를 고민해야 합니다.

터무니없이 높은 숫자를 제시해 놓으면 아무리 의지가 중요하다고 강조해도 "사장님, 아무리 그래도 그건 무리입니다"라며 모두 어이없어 할 것입니다. "작년에도 마이너스였는데 갑자기 두 배 이상 늘리라는 건 불가능하다"

라고 지적할지도 모릅니다. 아무리 의지가 충만해도 그래서는 아무런 의미가 없습니다. 그러므로 가장 중요한 것은 사람의 마음을 어떻게 휘어잡느냐 입니다. 이것은 기업 경영자만의 문제가 아닙니다. 학교 교사, 스포츠 감독 등 모든 조직의 리더는 그 안에 소속된 사람의 심리가 어떤지, 그리고 어떻게 하면 그들의 마음을 움직일 수 있는지 알아야 합니다.

경영 목표라는 경영자의 의지를 모든 사원의 의지로 바꾸려면 제 생각에는 '톱다운'밖에 없습니다. 그렇게 하지 않으면 자신들이 고생하게 될 것이 뻔히 보이기에 일부러 그런 큰 목표를 세우지 않습니다. 경영자의 입으로 "내년에는 두 배로 합시다"라고 말해야 합니다. 그리고 "우리 회사는 이대로 가면 끝입니다. 어떻게든 해야 합니다. 노력한다면 업계에서 두각을 나타내는 그 회사처럼 성장할 수 있습니다"라거나 "어떻게 하느냐에 따라 성공할 수도 있고 실패할 수도 있습니다. 이제까지는 바닥만 치느라 조금도 성장하지 못했지만 올해는 과감하게 두 배 정도로 회사를 발전시키고 싶습니다"라고 사장이 먼저 목표를 밝히고, 주변 사람들이 자연스럽게 찬동하는 분위기를 만들어야 합니다.

　인간은 누구나 마음속 어딘가에 현재의 상황을 타파하고 새로운 것에 도전하고자 하는 욕구를 반드시 가지고 있습니다. 현재가 연장되는 것만으로는 재미없다고 생각하지요. 하지만 튀는 말을 하면 곤란하지 않을까 하는 마음도 가지고 있습니다. 그리고 희한하게도 모이는 사람의 수가 많아질수록 새로운 것에 도전하고자 하는 마음은 점점 더 작아집니다. 그러므로 경영자가 목표를 과감히 제시하지 않고 그대로 내버려두면 사원들은 점점 소극적이 됩니다. 경영자는 인간이 가지고 있는 신선한 도전 정신을 바깥으로 이끌어낼 수 있어야 합니다. 그러려면 역시 과감한 목표가 필요하겠지요.

　단, 과감하게 커다란 목표를 세울 때에는 거기에 반드시 커다란 기회가 존재해야 합니다. 그 기회라는 것도 가만히 앉아서 기다리면 오는 것이 아닙니다. 목표는 무엇인지, 대체 무얼 하고 싶은 건지, 그리고 그것을 위해 무엇을 어떻게 하면 되는지 끊임없이 머릿속에서 시뮬레이션을 하면 이윽고 기회가 보일 것입니다. 경영이란 그곳으로 모두를 이끌어가는 과정입니다. 그리고 얼마만큼을 달성할 것이냐, 그것이 모두에게 제시하는 경영 목표입니다.

중국 고전에 '천시불여지리天時不如地利, 지리불여인화地利不如人和'라는 말이 있습니다. 하늘이 준 기회와 지리적인 이점을 얻었다 하더라도 최종적으로 모든 것을 결정하는 것은 마음의 화합이란 뜻입니다. 회사 내 많은 사람이 스스로 도약을 추구하며 목표를 향해 나아가면, 설령 비관적인 시각을 가진 사원이 있다 하더라도 어느 틈엔가 회사 전체에 목표를 향해 전진하고자 하는 분위기가 충만해질 것입니다. 모든 것이 마음의 문제입니다. 전사 회의라도 열어서 앞으로는 무언가가 달라질 것이라는 분위기를 조성해야 합니다.

바로 이것이 경영자의 영원한 과제입니다. 목표를 세우고 달성할 수 있다면 이는 곧 사원들이 목표에 대해 충분한 의욕을 가졌다는 뜻이고, 목표를 달성하지 못했다면 그 반대라는 의미입니다. 결국 목표 수치를 정하고 모두의 의욕을 그 방향으로 이끄는 것이 경영자의 핵심 역할인 셈입니다.

일반적인 원가계산의
문제점이 무엇입니까?

저희 회사는 창업한 지 얼마 되지 않은 회사로 산업기계용 부품을 제조하고 있습니다. 최근 시장이 확대됨에 따라 생산이 급격히 증가하였고 품종도 늘어났기 때문에 제조 부문의 손익을 파악하기 어렵게 되었습니다. 이대로 사업이 확대되면 사업의 실태를 파악하지 못하게 될 우려가 있어, 경영 내용을 정확하게 파악할 수 있는 관리회계 시스템의 도입을 조속히 검토하려고 합니다.

제조업의 경우에는 원가계산을 채용하여 채산 관리를

하는 회사가 대부분이라고 들었는데, 교세라에서는 지금 껏 원가계산을 사용하지 않고 아메바 경영에 의한 독자 적인 방법으로 관리해 왔다고 들었습니다. 회장님께서 생각하시는 일반적인 원가계산의 문제점이 무엇인지 여 쭙고 싶습니다.

제조사의 이익은
제조 부문에서 발생합니다

말씀하신 바와 같이 대다수의 제조사는 원가계산에 의한 채산 관리, 즉 표준원가계산이라는 것을 채택하고 있습니다. 그러나 교세라에서는 그런 시스템을 채택하지 않았습니다. 이유는 지금으로부터 약 20년 전 어느 가전제품 제조사로부터 다음과 같은 이야기를 들었기 때문입니다.

당시 그 제조사는 낮은 수익 때문에 고심이 컸습니다. 사업부의 제조 부문은 원가계산으로 관리되고 있었는데, 이 시스템은 당해 제품의 소매가격을 결정할 때 전기 도매점에서 얼마로 팔릴지를 예상해 소비자 가격을 예측합니다. 그리고 소비자 가격에서 소매점에 납품할 때까지의 가격을 계산하고, 유통 단계에서의 마진을 계산해 그 액수를 제외한 후에 다시 영업과 간접 부문의 비용을 계산하여 목표 이익을 도출합니다. 그런 다음 '이 정도의 원가로 만들면 되겠다'고 설정한 뒤 공장에 "이 가격의 원가로 제조해 주십시오"라는 지시를 내립니다. 이를 '목표 원가'라고 합니다.

이런 경우, 공장은 열심히 노력해 '목표 원가'대로 물건을 만들면 합격입니다. 그러나 엄밀히 말해 이는 수익을 올렸다는 뜻이 아닙니다. 실제 원가를 목표 원가까지 낮추고 생산 수량을 확보했을 뿐입니다. 그러면 그 목표 원가로 영업 부문이 상품을 인도받고, 당초 정했던 것처럼 정가를 매겨 도매상에 판매합니다.

그러나 시장은 생각대로 돌아가지 않습니다. 조금 특징이 있는 경쟁 제품이 나오면 기존 제품은 금세 유행에 뒤떨어진 구닥다리 취급을 받습니다. 어지간히 값을 내리지 않으면 팔리지도 않으므로 가격을 대폭 깎아야 합니다. 소매상이 가격을 내리면 당연히 도매상은 제조사에게 "낡은 제품의 값을 더 깎아주세요"라고 요구합니다. 값을 내리지 않으면 재고가 쌓여 팔리지 않는다고 구원 요청을 하겠지요. 그러다 보면 결국 어느 정도 값을 내리는 정도로는 문제를 해결할 수 없게 되어 가격이 폭락하고 맙니다.

당초 제조사가 20퍼센트의 마진을 남기도록 계획하고 있었다 하더라도, 나중에 판매가격이 내려가므로 마진은 점점 줄어들어 결국 몇 퍼센트밖에 남지 않게 될 것입니다. 더 심한 경우, 반도체 산업에서 볼 수 있듯이 일단 떨어지기 시작한 시장 가격이 끝없이 폭락해 유통사나 제조사 모두 큰 적자를 보게 되는 일도 왕왕 있습니다.

그런 일이 되풀이되다 보니 회사 내에서도 가전제품은 '만들어도 이익이 나지 않는다'는 인식이 팽배하여 모두가 포기해 버렸고, 어지간한 히트 상품이 나오지 않는 한 방법이 없었다고 합니다.

대체 무엇이 문제였을까요? 원래 제조사에서 부가가치나 이익을 창출하는 부문은 제조 부문밖에 없습니다. 그러나 이 회사는 '제조 부문에서 이익을 낸다'는 시스템이 정립되어 있지 않았습니다. 제조 부문에서 '이익'을 목표로 삼는 것이 아니라, 목표로 설정된 원가로 요구 수량을 달성하기만 하면 된다는 식으로 평가받았기 때문에 문제가 발생한 것입니다.

이러한 원가계산 방식의 시스템에서는 영업 담당 임원이 제조 부문에 얼마의 원가를 요구할지, 또 얼마로 판매할지를 정해 줍니다. 원가계산의 발상이라면 반드시 제품 공급자가 가격을 결정하게 됩니다. 거기에는 제품 생산에 투여된 비용을 가격에 전가해 공급자의 논리로 시장을 움직이려는 의도가 들어 있습니다.

그러나 사실 판매가격은 시장에서 결정됩니다. 공급자 측의 논리를 고집하다가는 시장의 심한 반발을 사게 됩니다. 이 이야기는 그 점을 잘 보여주고 있습니다.

이제는 전 세계 기업이 시장에서 자유로이 경쟁하고 있습니다. 그러므로 앞으로는 '가격은 시장이 정하는 것이다'라는 대전제를 두고 경영해야 합니다. 그러기 위해서는 제조업에서도 '가격도 비용도 고정된 것이 아니다'

라는 사고를 기본 바탕으로 삼고, 비용 절감을 위해 창의적인 발상을 거듭하는 체제를 갖추는 것이 필요합니다.

'제조사의 이익은 제조 부문에서 나온다'는 사실을 잊지 마십시오. 그러므로 방금 말한 가전제품 제조사의 예처럼 '제조 부문이 원가를 결정하지 못하는 운영 방식'은 제대로 된 경영이라 할 수 없습니다. 제조 부문에 "이 제품을 이 원가로 만들어라"라고 목표 원가를 제시하면 목표 수준까지는 노력하겠지만, 그것으로 끝입니다. 원가를 그보다 더 낮추려는 노력은 하지 않게 됩니다. 제조 현장을 원가계산 과정에 참여시키지 않는 것은 제조 현장을 시장으로부터 격리시키는 짓입니다. 그렇게 되면 결국 현장은 시장의 현실 감각을 잃고 구성원들의 의욕 또한 저하될 것입니다.

물론 제조 부문을 이익 생산 단위로 보는 원가계산 시스템도 있습니다. 이 시스템은 앞서 말한 시스템보다는 훨씬 낫지만, 제조 부문이 판매가격의 결정과는 동떨어져 있으므로 원가 목표 달성에만 초점을 맞추는 한계를 벗어나지 못합니다. 그 결과 진정한 의미의 이익을 제조 부문에서 창출할 수 없게 되는 것입니다.

예를 들어 전형적인 제조 손익 관리 방법인 '표준원가 계산'을 사용하면 제품 한 개당 주어진 표준원가가 있으므로 생산량과 출하량에 맞춰 전체 표준원가가 계산됩니다. 이에 따라 제조 부문은 표준원가를 얼마나 '초과' 달성했는지, 혹은 얼마나 미달되었는지의 여부로 평가받습니다. 이것을 '원가 차액에 의한 평가'라고 합니다. 주어진 원가 목표에 대해 '플러스의 차액'을 내면 제조는 칭찬을 듣습니다. 그리고 이 원가 차액이 어디에서 어떻게 발생했는지를 분석해 재료 생산 비율, 자재 가격 인하, 공정 시간 단축 등에서 차액이 발생했음을 알게 됩니다. 이는 매우 정밀한 방식처럼 보입니다. 실제 매출에 비해 표준원가 베이스로는 이만큼의 영업 이익이 나왔고 그에 비해 플러스 또는 마이너스의 원가 차액이 있었으므로 실제 영업 이익은 플러스마이너스 얼마라고 계산하는 시스템입니다.

이 방법은 제조를 이익 단위로 보고 있는 것처럼 보입니다. 많은 대기업 제조사에서도 관리 방법으로 채용하고 있지요. 그러나 이 시스템에서는 공정별·제조별로 드는 비용과 시간을 파악하는 데 엄청난 경비와 수고가 듭니다. 게다가 원가의 '표준'을 설정하여 실제 원가와 비교 분석해 평가하는 주체가 제조 부문이 아니라 원가관리나 원가계산과 같은 '관리 부문'이라는 데에 큰 문제가 있습니다.

관리 부문은 목표를 스스로 실행하는 주체가 아니므로 언제나 '과거의 실적에 근거하여' 거기에서 아주 조금 나은 수준으로 목표를 설정합니다. 이렇게 되면 제조 부문의 자주책임경영이 이루어지지 못하고, 이익을 낮게 하는 핵심이 해당 제조 부문이 아닌 관리 부문에 놓여 '관리 중시 경영'이 되고 맙니다. 이러한 방식으로 경영관리를 하면 조직이 관료화될 위험이 높아집니다.

그렇다면 어떻게 해야 할까요? '아메바 경영'처럼 제조 부문을 진정한 의미의 이익 단위로 만드는 것밖에는 방법이 없다고 생각합니다. 아메바 경영에서는 제조 부문이 실제로 움직이는 시장과 직면해야 합니다. 변동하는 시장가격과 직결된 판매가격에 스스로 책임을 지는 한편, 시장에 유연하게 대응하고 경비를 절감하여 이익을 올릴 수도 있습니다. 또한 목표 매출 및 이익은 제조 부문이 자신의 채산을 향상시키기 위해 과감하게 높은 숫자를 설정할 수 있게 되어 있습니다. 뿐만 아니라 비용 항목은 알기 쉽고 관리하기 편하게 만들어져 있으며, 결과적으로 철저하게 비용을 절감할 수 있도록 배려되어 있습니다. 이 방식을 사용하면 문자 그대로 '제조 부문이 이익을 창출하는 주역'으로서 무대에 오를 수 있습니다.

만일 귀사가 원가계산에 의한 관리회계를 도입한다고 해도 원가계산 방식이 가진 문제점을 반드시 극복해야 합니다. 또한 '제조사의 이익은 제조 부문에서 발생한다. 그리고 제조 부문이 경영의 주체가 될 수 있게 한다'는 원칙을 세워야 합니다. 즉, 제조 현장이 간단하게 이해할 수 있고 활용 가능한 관리 시스템을 만들어나가야 합니다.

회계든 이익 배분이든 설비 투자든

원칙적으로 어떻게 해야 하는가를 생각하고

세상의 본질적인 이치를 근거로 판단해야 한다.

항상 원리 원칙에 따라 판단하고자 노력한다면

전례 없는 불황 속에서 사업을 하더라도

판단을 그르치지 않을 수 있다.

옮긴이 김욱송

일본 릿쿄대학 경영학부를 거쳐 산노대학원에서 경영정보학을 전공했다. 일본에서 법인을 설립하여 무역 및 컨설팅 사업에 종사했고, 귀국 후 한일 양국의 IT 관련업체 자문 활동을 했다. 현재는 Ausome Communications Inc. 대표이사로, 일본 반도체회사인 르네사스(Renesas) 테크놀로지의 도큐먼트 제작과 교육부문을 담당하여 국내 대학과의 산학협동 연구를 지원하고 있다. 번역서로는 『비즈니스 모델 특허 전략』, 『닷컴 비즈니스』, 『소니제국의 마케팅』, 『백만장자가 되는 네트워크 마케팅』, 『비즈니스에서 성공하는 100가지 지혜』, 『SuperH 프로세서 아키텍처』 등이 있다.

이나모리 가즈오의 회계 경영

초판 1쇄 인쇄 2022년 4월 20일
초판 4쇄 발행 2024년 7월 5일

지은이 이나모리 가즈오
옮긴이 김욱송
펴낸이 김선식

부사장 김은영
콘텐츠사업본부장 임보윤
책임편집 문주연 **디자인** 윤유정 **책임마케터** 이고은
콘텐츠사업1팀장 성기병 **콘텐츠사업1팀** 윤유정, 문주연, 조은서
마케팅본부장 권장규 **마케팅2팀** 이고은, 배한진, 양지환 **채널2팀** 권오권
미디어홍보본부장 정명찬 **브랜드관리팀** 안지혜, 오수미, 김은지, 이소영
뉴미디어팀 김민정, 이지은, 홍수경, 서가을 **크리에이티브팀** 임유나, 변승주, 김화정, 장세진, 박장미, 박주현
지식교양팀 이수인, 염아라, 석찬미, 김혜원, 백지은
편집관리팀 조세현, 김호주, 백설희 **저작권팀** 한승빈, 이슬, 윤제희
재무관리팀 하미선, 윤이경, 김재경, 임혜정, 이슬기
인사총무팀 강미숙, 지석배, 김혜진, 황종원
제작관리팀 이소현, 김소영, 김진경, 최완규, 이지우, 박예찬
물류관리팀 김형기, 김선민, 주정훈, 김선진, 한유현, 전태연, 양문현, 이민운
저자 사진 ⓒ Bloomberg via Getty Images

펴낸곳 다산북스 **출판등록** 2005년 12월 23일 제313-2005-00277호
주소 경기도 파주시 회동길 490
전화 02-702-1724 **팩스** 02-703-2219 **이메일** dasanbooks@dasanbooks.com
홈페이지 www.dasan.group **블로그** blog.naver.com/dasan_books
종이 신승INC **출력** 한영문화사 **코팅 및 후가공** 평창피엔지 **제본** 국일문화사